空間デザイン事典

SPATIAL DESIGN

日本建築学会［編］

井上書院

まえがき

　日本建築学会・空間研究小委員会では，これまでに『空間体験—世界の建築・都市デザイン（1998年）』，『空間演出—世界の建築・都市デザイン（2000年）』，『空間要素—世界の建築・都市デザイン（2003年）』を刊行してきた（いずれも井上書院刊）。これらは，「空間の魅力とは何か」というプリミティブな視点から建築・都市空間を吟味し，豊富な実例を多数引用しながらその魅力や面白さについて解説したものである。

　本書は，これら3部作の根底に流れる編集意図を引き継ぎながら，2005年に刊行した『建築・都市計画のための空間学事典［改訂版］』（日本建築学会編，井上書院刊）の姉妹編として企画された。『空間学事典』が，建築・都市空間研究の分野で用いられる用語について解説した事典であるのに対し，本書『空間デザイン事典』は，空間を計画・設計（デザイン）する際に用いられるさまざまな概念や手法を整理・分類し，実空間を例示しながら解説した事典である。建築や都市について学んでいる初学者をはじめ，空間に興味をもつ一般の読者にとっての啓蒙書となるよう，多数の写真や図面を用いてわかりやすく解説している。

　計画や設計のイメージを喚起させ，また，豊かにするための手掛かりとして，あるいは，研究対象を発掘する際の建築・都市空間の事例集として，さらには，実際に空間を見学し体験するためのガイドブックとして活用していただければ幸いである。建築学を学ぶ学生諸子にとって，これら2冊の姉妹図書が，それぞれ卒業研究と卒業設計のための恰好の参考図書とならんことを期待してやまない。

　本書の編集にあたっては，空間研究小委員会のメンバー以外にも多くの方々から貴重な原稿や写真の提供を賜わった。また，井上書院の石川泰章氏，山中玲子氏には，企画から校正に至るまで丹念に対応していただいた。さらに，編集にご尽力いただいた出版ワーキング・グループのメンバーの方々，特に，積田洋氏（同主査），金子友美氏（同幹事）の熱心な取組みがなければ本書の完成はなかった。記して謝意を表したい。

　　　　　　　　　　　　2006年7月　空間研究小委員会主査　　大佛俊泰

本書の特徴と構成

　建築空間や都市空間の「魅力」は，さまざまな観点から読み取ることができる。
　すでに空間研究小委員会では，実際の建築や都市での空間体験を通じてその空間の魅力を紐解いた『空間体験―世界の建築・都市デザイン（1998年）』，また建築や都市空間を構築していくうえで，さまざまな手法を用いてより魅力的な空間を創出するための演出手法に着目して『空間演出―世界の建築・都市デザイン（2000年）』を，さらに空間を構成していくための基本的な構成要素である柱や窓，壁や天井といった要素に注目して，空間の魅力を要素の側面から綴った『空間要素―世界の建築・都市デザイン（2003年）』の3部作を刊行している（いずれも井上書院刊）。

　本書は，これら3部作の成果を踏まえて，建築や都市をデザインするうえでの概念や手法を用語として整理し，その用語について事例を中心に解説した事典として編纂したものである。
　いわゆる事典が用語の解説に当たって活字のみで記述されがちであるのと対照的に，本書では解説文は極力簡潔なものにすることを前提に，ページ構成の紙面の中で2割程度の分量として，解説文は550字程度にとどめることにした。したがって，紙面の多くは実例を掲載している。この構成が最も特徴的な点であり，多数の建築や都市空間の事例をカラー写真でビジュアルに示すことにより，その中に読み取れるデザイン手法を実証的に理解することを目論んでいる。

　まず，デザイン手法として多数の概念や手法を出版ワーキング・グループのメンバーで整理・分類した。次に，用語を目次に示すようにデザイン行為を操作的・能動的に表現する言葉で「章」を構成することとし，「立てる，覆う，囲う，積む，組む，掘る・刻む，並べる，整える，区切る，混ぜる，つなぐ，対比させる，変形させる，浮かす，透かす・抜く，動きを与える，飾る，象徴させる，自然を取り込む，時間を語る」の20の概念に整理した。さらに，これらの概念を具体的に示すデザイン手法として，概念ごとに4〜6つの用語に整理した結果，計98の用語について見開き2ページで解説している。一つの用語については，10数個の事例を挙げており，最もその用語についてデザイン手法を代表する事例の写真を大きく扱い，さらに用語ごとに写真のみならず平面図や断面図なども併せて掲載し，理解を促すようにレイアウト・構成している。

本書で例示した建築・都市空間の事例数は，重複も含め総計700近くにも上っている。これらの事例は，巻末に事例索引として世界の地域別に名称をまとめて示している。

　当然のことながら，建築や都市空間をデザインする方法は多様である。本書では，その用語の代表的な事例を掲載することに努めているものの，写真は原則的に執筆者や協力者である学生の撮影したものを採用しているため，用語によってはおのずと限界があり例示できないものもあった。さらに，建築や都市空間のデザインの手法が一つの手法で創出されていることは，むしろ稀なものであり，複数の手法が複合的に用いられていることは言うまでもなく，事例の採用に当たっては，編集委員会で幾度も検討を行った。その結果として，本書で扱った事例を代表例として掲載していることをご理解いただければ幸いである。

　本書の解説文で用いられた空間について語られる用語については，本書の姉妹編である当委員会編纂の『建築・都市計画のための空間学事典(2005年)』(井上書院刊)を参照していただきたい。

　本書の編集に際しては，本書の特徴であるデザイン手法を示す多数の建築・都市空間の例示が中心となっていることから，目次にも示されているようにそれぞれの章について担当者を決め，概ねその章の担当者の研究室に所属する学生を中心に，編集段階から多数の写真を収集し掲載している。
　改めて幹事の金子友美氏をはじめ，編集委員の方々ならびに章の担当者，さらに多数の写真を提供していただいた方々に深く感謝申し上げる。

　本書が，建築や都市を学ぶ学生諸子，さらに実際に計画・設計に携わっている方にデザインを考えるうえでの一助になれば望外の幸いである。

　　　　2006年7月　空間研究小委員会　出版ワーキング・グループ主査　　積田　洋

執筆者一覧

[編集委員]

積田　洋	東京電機大学工学部建築学科教授　空間研究小委員会・出版WG主査
金子友美	昭和女子大学生活科学部生活環境学科講師　同小委員会・出版WG幹事
土肥博至	神戸芸術工科大学大学院芸術工学研究科教授
福井　通	神奈川大学工学部建築学科助手
安原治機	工学院大学工学部建築都市デザイン学科教授
山家京子	神奈川大学工学部建築学科教授

[執筆者]

赤木徹也	工学院大学工学部建築学科助教授
石井清巳	神戸芸術工科大学大学院土肥研究室
伊藤真貴	神戸芸術工科大学大学院土肥研究室
井上　猛	東京工業大学大学院大佛研究室
大佛俊泰	東京工業大学大学院情報理工学研究科情報環境学専攻助教授
金子友美	前出
鎌田詩織	東京工業大学大学院大佛研究室
木下芳郎	東京工業大学大学院理工学研究科建築学専攻助手
黒川　茜	神戸芸術工科大学大学院土肥研究室
腰越耕太	KOA Architects 建築設計室主宰
斉藤　理	東京大学客員研究員，東京理科大学非常勤講師
佐々木一晋	東京大学大学院工学系研究科建築学専攻博士後期課程，慶應義塾大学環境情報学部非常勤講師
佐野奈緒子	東京大学大学院工学系研究科建築学専攻助手
島田　廉	東京工業大学大学院大佛研究室
鈴木信弘	鈴木アトリエ一級建築士事務所代表，神奈川大学工学部建築学科非常勤講師
鈴木弘樹	栗生総合計画事務所，東京電機大学工学部建築学科非常勤講師
関戸洋子	東京大学大学院工学系研究科建築学専攻客員研究員
高柳英明	高柳英明建築研究所顧問，千葉大学工学部デザイン工学科助手
津田良樹	神奈川大学工学部建築学科助手
積田　洋	前出
土肥博至	前出

冨井正憲	神奈川大学工学部建築学科専任講師，東京大学生産技術研究所協力研究員
中田由美	東京工業大学大学院大佛研究室
林田和人	早稲田大学理工学術院講師
日色真帆	愛知淑徳大学現代社会学部現代社会学科教授
福井 通	前出
星野 雄	東京工業大学大学院大佛研究室
本間義章	本間義章建築設計事務所（associate with S.C.S）
安原治機	前出
柳田 武	日本大学理工学部建築学科講師
山家京子	前出
山岸千夏	神戸芸術工科大学大学院土肥研究室
横山勝樹	女子美術大学芸術学部デザイン学科教授
横山ゆりか	東京大学大学院総合文化研究科広域システム科学系助手

[2006年度 空間研究小委員会・出版WG]

主査　積田　洋
幹事　金子友美　　佐野奈緒子　　鈴木信弘　　鈴木弘樹　　高柳英明
委員　大佛俊泰*　　林田和人**　　福井　通　　安原治機　　柳田　武
　　　土肥博至　　横山勝樹　　恒松良純
　　　山家京子

＊　：空間研究小委員会主査
＊＊：2005年度空間研究小委員会・出版WG委員

（主査・幹事以外は五十音順）

CONTENTS

1 立てる　　　　　　　　　　　　　　　　　　　　　　　　　　　　　福井　通
中心・要に立てる‥‥‥‥‥‥‥‥‥‥‥‥ 2　　林立させる‥‥‥‥‥‥‥‥‥‥‥‥‥‥‥ 8
高々と立てる‥‥‥‥‥‥‥‥‥‥‥‥‥‥ 4　　連続して立てる‥‥‥‥‥‥‥‥‥‥‥‥ 10
周域に立てる‥‥‥‥‥‥‥‥‥‥‥‥‥‥ 6

2 覆う　　　　　　　　　　　　　　　　　　　　　　　　　　　　　　安原治機
自然で覆う‥‥‥‥‥‥‥‥‥‥‥‥‥‥ 12　　街路・広場を覆う‥‥‥‥‥‥‥‥‥‥‥ 18
光とともに覆う‥‥‥‥‥‥‥‥‥‥‥‥ 14　　軽く覆う‥‥‥‥‥‥‥‥‥‥‥‥‥‥‥ 20
柔らかく覆う‥‥‥‥‥‥‥‥‥‥‥‥‥ 16

3 囲う　　　　　　　　　　　　　　　　　　　　　　　　　　　　　　土肥博至
全体を囲う‥‥‥‥‥‥‥‥‥‥‥‥‥‥ 22　　領域を表す‥‥‥‥‥‥‥‥‥‥‥‥‥‥ 28
緩やかに囲う‥‥‥‥‥‥‥‥‥‥‥‥‥ 24　　中央空間をつくる‥‥‥‥‥‥‥‥‥‥‥ 30
仮に囲う‥‥‥‥‥‥‥‥‥‥‥‥‥‥‥ 26　　囲わない‥‥‥‥‥‥‥‥‥‥‥‥‥‥‥ 32

4 積む　　　　　　　　　　　　　　　　　　　　　　　　　　　　　　積田　洋
同じ要素を積む‥‥‥‥‥‥‥‥‥‥‥‥ 34　　基壇に載せる‥‥‥‥‥‥‥‥‥‥‥‥‥ 40
異なる要素を積む‥‥‥‥‥‥‥‥‥‥‥ 36　　ずらしながら積む‥‥‥‥‥‥‥‥‥‥‥ 42
層を重ねる‥‥‥‥‥‥‥‥‥‥‥‥‥‥ 38　　ランダムに積む‥‥‥‥‥‥‥‥‥‥‥‥ 44

5 組む　　　　　　　　　　　　　　　　　　　　　　　　　　　　　　鈴木信弘
格子で組む‥‥‥‥‥‥‥‥‥‥‥‥‥‥ 46　　ボリュームでつくる‥‥‥‥‥‥‥‥‥‥ 52
トラス・スペースフレームでつくる‥ 48　　組み立てる‥‥‥‥‥‥‥‥‥‥‥‥‥‥ 54
面でつくる‥‥‥‥‥‥‥‥‥‥‥‥‥‥ 50

6 掘る・刻む　　　　　　　　　　　　　　　　　　　　　　　　　　　積田　洋
掘り下げる‥‥‥‥‥‥‥‥‥‥‥‥‥‥ 56　　刻む・切り取る‥‥‥‥‥‥‥‥‥‥‥‥ 60
横に掘る‥‥‥‥‥‥‥‥‥‥‥‥‥‥‥ 58　　地下空間をつくる‥‥‥‥‥‥‥‥‥‥‥ 62

7 並べる　　　　　　　　　　　　　　　　　　　　　　　　　　　　　金子友美
均等に並べる‥‥‥‥‥‥‥‥‥‥‥‥‥ 64　　集中させて並べる・分散して並べる‥ 68
リズムをつくる‥‥‥‥‥‥‥‥‥‥‥‥ 66　　秩序をつくる‥‥‥‥‥‥‥‥‥‥‥‥‥ 70

8 整える　　　　　　　　　　　　　　　　　　　　　　　　　　　　　大佛俊泰
幾何学で整える‥‥‥‥‥‥‥‥‥‥‥‥ 72　　シンメトリーにする‥‥‥‥‥‥‥‥‥‥ 78
比例・比率で整える‥‥‥‥‥‥‥‥‥‥ 74　　グリッドでつくる‥‥‥‥‥‥‥‥‥‥‥ 80
軸線を通す‥‥‥‥‥‥‥‥‥‥‥‥‥‥ 76

9 区切る　　　　　　　　　　　　　　　　　　　　　　　　　　　　　　福井　通

壁で区切る……………………… 82
幅で区切る……………………… 84
レベル差で区切る……………… 86
装置・記号で区切る…………… 88
曖昧に区切る…………………… 90

10 混ぜる　　　　　　　　　　　　　　　　　　　　　　　　　　　　　横山勝樹

カオスを表現する……………… 92
まだらにする…………………… 94
複数のコードを使う…………… 96
コラージュする………………… 98
スタイルを混ぜる……………… 100

11 つなぐ　　　　　　　　　　　　　　　　　　　　　　　　　　　　　山家京子

動線でつなぐ…………………… 102
空中をつなぐ…………………… 104
分節してつなぐ………………… 106
上下をつなぐ…………………… 108
緩やかにつなぐ………………… 110

12 対比させる　　　　　　　　　　　　　　　　　　　　　　　　　　　金子友美

形態を対比させる……………… 112
明暗をつける…………………… 114
開閉で対比をつくる…………… 116
色彩で対比させる……………… 118
新旧を対比させる……………… 120

13 変形させる　　　　　　　　　　　　　　　　　　　　　　　　　　　大佛俊泰

曲げる…………………………… 122
ずらす…………………………… 124
崩す……………………………… 126
うねらせる……………………… 128
軸をふる………………………… 130

14 浮かす　　　　　　　　　　　　　　　　　　　　　　　　　　　　　林田和人

全体を浮かす…………………… 132
一部を浮かす…………………… 134
水に浮かす……………………… 136
吊って浮かす…………………… 138
突き出す………………………… 140

15 透かす・抜く　　　　　　　　　　　　　　　　　　　　　　　　　　安原治機

物を通して透かす……………… 142
間を透かす……………………… 144
水平に抜く……………………… 146
垂直に抜く……………………… 148

16 動きを与える　　　　　　　　　　　　　　　　　　　　　　　　　　横山勝樹

ボリュームで動きをつくる…… 150
面で動きをつくる……………… 152
景を転換する…………………… 154
人の流れをつくる……………… 156

17 飾る　　　　　　　　　　　　　　　　　　　　　　　　柳田　武

象徴性を与える …………………… 158
内部空間を飾る …………………… 160
文様で飾る ………………………… 162
過剰に飾りたてる ………………… 164
レイヤーをまとう ………………… 166

18 象徴させる　　　　　　　　　　　　　　　　　　　　鈴木信弘

場を象徴させる …………………… 168
思想・主張を象徴させる ………… 170
メタファーを使う ………………… 172
技術を象徴させる ………………… 174

19 自然を取り込む　　　　　　　　　　　　　　　　　　積田　洋

地形を生かす ……………………… 176
風土になじませる ………………… 178
風景をつくる ……………………… 180
風景を切り取る …………………… 182
光を取り込む ……………………… 184
水を取り込む ……………………… 186

20 時間を語る　　　　　　　　　　　　　　　　　　　　土肥博至

物語を表現する …………………… 188
宗教を形に表す …………………… 190
引用する …………………………… 193
歴史を取り込む …………………… 194
記憶を引き継ぐ …………………… 196

　　執筆／写真・図版提供／協力……………………………………… 198
　　引用文献 …………………………………………………………… 203
　　索引 ………………………………………………………………… 206
　　事例索引 …………………………………………………………… 209

SPATIAL DESIGN

1 立てる

中心・要に立てる

● ——「立てる」ことは「建築」の始まりであり、空間構築の原点である。人類は重力に抗し柱・壁等を立て、庇護性のある空間を構築してきた。住居はその原型である。「中心・要に立てる」手法は、空間・場所の基点をデザインする方法である。この手法は「立てる」ことの意味を象徴し、古今東西の文化圏に共通した普遍的な手法である（①②⑤）。スケール別に見ると、身体的あるいはインテリアのスケールでは、中心・要の場所を「座席・柱・壁」等で明示する手法が古くからある（③④）。建築的スケールでは、領域・場所の中心・要を「物」または「空間」で明示する手法がある。「象徴柱」や「コア」は前者、「吹抜け」や「中庭」は後者の典型である。両

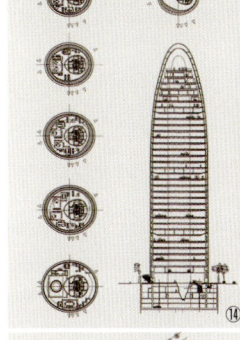
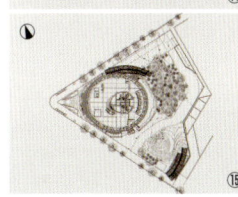

中心・要に立てる　高々と立てる　周域に立てる　林立させる　連続して立てる

①パルテノン神殿（アテネ）②伊勢神宮・古殿地の心御柱覆屋（三重）③ジャンタル・マンタルの中心柱（インド）④テント内の中心柱（モロッコ）⑤ポタラ宮（チベット）⑥カンピドリオ広場の騎馬像（ローマ）⑦タシルンポ寺の象徴柱（チベット）⑧リラ修道院・中庭の教会（ブルガリア）⑨竜安寺石庭の立石（京都市）⑩上賀茂神社・庭の立砂（京都市）⑪〜⑬アグワス・デ・バルセロナ本社ビル（バルセロナ）⑭同：平面・断面図⑮同：配置図　⑯同：足下回り

方の手法が同時に用いられることも少なくない。しばしば、吹抜け、中庭、広場の中心に、彫刻やシンボリックな柱等が立てられてきた（⑥〜⑧）。
庭園においても要石が庭の基点の位置に立てられる。これらの「立石」「立砂」はしばしば神の依り代として、また物語性をもつ庭園の象徴となることがある（⑨⑩）。
都市的スケールでは、神殿・教会・市庁舎・その他のランドマークが都市空間の中心部に立てられ、シンボリックに表現されてきた。アテネのパルテノン神殿、フィレンツェのドゥオモ、ニューヨークのエンパイア・ステート・ビル、今日ではアグワス・デ・バルセロナ本社ビル（アグバル・タワー）等が典型事例であろう（⑪〜⑯）。

1 立てる

高々と立てる

● ——「高々と立てる」という手法は、古くは人間の身体を大地から切り離し、敵から身を護るために用いられた（①）。また、神の概念の発生とともに、人間の生きる地上から天への指向性を強く表現した。それは神や天への畏敬の表れでもあり、それとの結びつきをより象徴的に表す手法である（②③）。そして、この手法は人間の天に対する欲望へとつながってゆく。欲望の実現は神の目を獲得し、視覚的に世界を支配することである。そのことは、権力を象徴する建築の出現へとつながった（②〜④）。また、この手法は時代の最先端の技術によって実現される（⑤）。特に近代以降のスカイスクレーパーに見られる超高層ビル群は、資本主義の原理に則

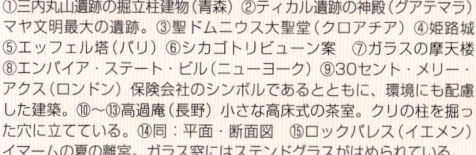

中心・要に立てる　高々と立てる　周域に立てる　林立させる　連続して立てる

①三内丸山遺跡の掘立柱建物（青森）②ティカル遺跡の神殿（グアテマラ）マヤ文明最大の遺跡。③聖ドムニウス大聖堂（クロアチア）④姫路城　⑤エッフェル塔（パリ）⑥シカゴトリビューン案　⑦ガラスの摩天楼　⑧エンパイア・ステート・ビル（ニューヨーク）⑨30セント・メリー・アクス（ロンドン）保険会社のシンボルであるとともに、環境にも配慮した建築。⑩〜⑬高過庵（長野）小さな高床式の茶室。クリの柱を掘った穴に立てている。⑭同：平面・断面図　⑮ロックパレス（イエメン）イマームの夏の離宮。ガラス窓にはステンドグラスがはめられている。

り建築の不動産的な価値を上げ、効率的な生産性の高い建築を目指してこの手法を使ってきた。そのような状況においても、この方法を用いながら、建築家としての思想を直截的に表現した事例もある（⑥⑦）。さらに、そのような合理性の追求を目的としているがゆえに、資本主義の象徴として読まれる場合もある（⑧）。今日においては、建築技術もさらに進んだ結果、この方法を使う建築の在り方はより多様である。例えば、天へ溶けるような消失点をつくり高さを表現した建築がある。また、この手法を使うことの根源的な意味を問いながらも、浮遊感や快適な眺望の獲得等、素朴な身体感覚を実現した例が挙げられる（⑨〜⑮）。

1 立てる

周域に立てる

●──柱等の構築物を周域に立て、内側に場・領域を獲得することは、最も原初的な空間構成の一つといえる。この手法を用いることで、内側には中心が示唆される領域が生まれ、外側からは中心や奥が暗示される。

周域に立てる手法は、庇護性のある日常空間をつくり出すだけではない。聖なる空間等、意味空間を生成する手法でもある。非日常の空間、神の依り代となる日本の「ひもろぎ」等はその典型である(①〜③)。

周域の規定の方法や規定する場・領域の広さによって、得られる空間の質は大きく異なる。建築的なスケールの中庭では、周域の規定の仕方によって庇護性の高

中心・要に立てる　高々と立てる　**周域に立てる**　林立させる　連続して立てる

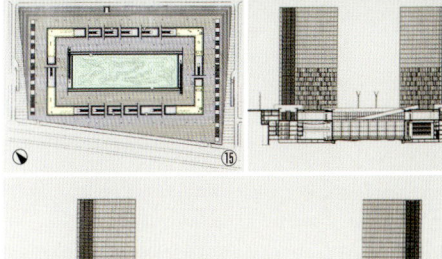
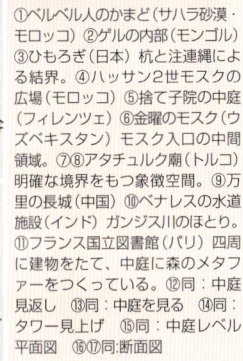

①ベルベル人のかまど（サハラ砂漠・モロッコ）②ゲルの内部（モンゴル）③ひもろぎ（日本）杭と注連縄による結界。④ハッサン2世モスクの広場（モロッコ）⑤捨て子院の中庭（フィレンツェ）⑥金曜のモスク（ウズベキスタン）モスク入口の中間領域。⑦⑧アタチュルク廟（トルコ）明確な境界をもつ象徴空間。⑨万里の長城（中国）⑩ベナレスの水道施設（インド）ガンジス川のほとり。⑪フランス国立図書館（パリ）四周に建物をたて、中庭に森のメタファーをつくっている。⑫同：中庭見返し⑬同：中庭を見る⑭同：タワー見上げ⑮同：中庭レベル平面図⑯⑰同：断面図

い閉じられた領域、開放性の高い内とも外ともいえる中間領域が得られる（④〜⑥）。建築物や列柱などを周域に立て、巨大な場をつくり出している事例もある。これらは、崇高さや権力、宗教的な意味などを象徴的に表現している（⑦⑧）。

この手法は、建築と都市の中間領域をつくり出すために用いられる場合もある。典型的な事例であるフランス国立図書館は、都市との連続性を保ちながら周域にタワー状の建築を立て、都市の中に森を再現してみせた（⑪〜⑰）。

都市的スケールでは、都市防衛の装置としての城壁や見張り台などがある。また都市の縁にインフラ施設などを立てると、異形の風景をつくることができる（⑨⑩）。

1 立てる

林立させる

● ──「林立させる」手法は、古くはイスラム建築に多く見られる。モスクの空間はその典型であろう。イスラム空間におけるモスクは聖なる場所であり、「森」のメタファーをもつものが少なくない。空間が森や林をイメージさせるのである。砂漠的環境の中で水の存在を暗示させる緑豊かな森や林は、オアシスと同じく生命と癒しの象徴的空間である。コルドヴァのメスキータはその典型である（①）。また、ペルセポリスの「百柱の間」やカルナック神殿の「大多柱室」に見るように、神や王の空間を壮大・崇高に演出する手法として意図的に林立させる場合もある。このとき、広がりや高さ、方向等も意図的に操作されることが多い（②〜⑤）。

中心・要に立てる　高々と立てる　周域に立てる　**林立させる**　連続して立てる

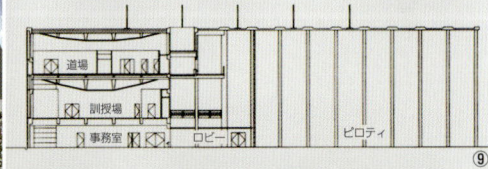

①メスキータ（スペイン）森のメタファーをもつ多数の柱。②アグラ城内の列柱（インド）中庭と城内の中間領域。③カルナック神殿の大多柱室（エジプト）④ラバトの石柱（モロッコ）⑤チチェン・イツァの列柱（メキシコ）⑥アル・ハジャラ（イエメン）山頂の岩場に塔状の集住体が林立する。⑦⑧岡山西警察署　森のメタファーをもつエントランス空間。⑨同：断面図　⑩ジョンソン・ワックス本社（アメリカ）⑪四十柱宮殿の入口（イラン）離宮と前庭との間に林立する柱。⑫林立する彫刻（パリ）アートで街角をつくる。⑬林立する噴水（パリ）デファンス地区の広場空間。

林立する空間は、建築的スケールを超えて集落・都市空間にも見られる。イエメンのシバーム、アル・ハジャラなどはその例である（⑥）。
近・現代建築では、過去のこうした空間構築の手法を意識的に参照し、新しい技術と材料を用いることで、新たな林立する空間のイメージに置換してつくられたものがある。岡山西警察署はその典型事例であろう。ここではエントランスの空間が林や森に見立てられ、内部の空間への導入部として演出されている（⑦～⑨）。また、「林立させる」手法は、都市空間でも彫刻や噴水など、多様な空間演出に利用することが可能である（⑫⑬）。

1 立てる

連続して立てる

● ──「連続して立てる」手法は、古今東西を問わず普遍的に見られる方法である。壁や柱を連続して立て庇護性のある場所・領域を囲うことは、空間獲得の原点である。また、これらの場所・領域間をつなぐ通路空間にも列柱等の連続空間が多い。安全性や機能性のみならず、快適性や象徴性とも関連する空間手法の一つである。柱等を連続して立てる手法によりできる魅力的な空間は、通路空間に多い。連続させることにより方向性や時間性を感じる空間となり、身体感覚的空間をつくることができる。わが国では、鳥居が連続して立つ伏見稲荷大社や、列柱が連続して立つ長谷寺の参道空間等がその典型である（①②）。伏見稲荷大社では連続する

中心・要に立てる　高々と立てる　周域に立てる　林立させる　**連続して立てる**

①伏見稲荷大社の連続鳥居（京都市）②長谷寺（奈良）③マジョレル庭園（モロッコ）④ハッサン2世モスク（モロッコ）⑤毛利家の墓（萩市）⑥ジェラッシュのフォーラム（ヨルダン）⑦パルミラ（シリア）⑧〜⑪広州国際空港（中国）⑫同：断面図

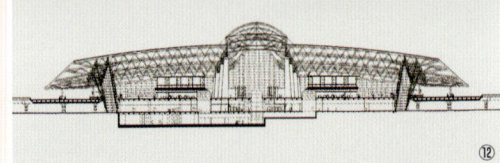

　鳥居のすき間からの木漏れ日が風に揺らぎ、非日常の空間体験を味わうことができる。同様の魅力的な通路空間は海外にも少なくない。庭園内の通路に青の列柱を立てた空間、聖なる空間を取り囲む回廊など、枚挙にいとまがない（③④）。
　連続して立てる手法は、象徴空間をつくり出すのにも有効で、鳥居と墓標が連続する毛利家の墓、列柱空間のジェラッシュやパルミラ等はその典型である（⑤〜⑦）。こうした手法は、多くの現代建築にもそのまま受け継がれている。公益施設のアプローチ空間、広場空間のみならず住居から空港施設まで、さまざまな空間・スケールに共通して用いることができる（⑧〜⑫）。

2 覆う　自然で覆う

●──建築物を自然で覆うデザインの手法は、大きく分けて二つある。第一は地形と一体化するもの、第二は建物の緑化である。地形と一体化する方法にも二種類ある。地下あるいは斜面に埋める方法（④）と、建物全体を土で覆い、自然のような地形をつくりそこを植栽で覆う方法である（①～③⑤⑦⑧）。建物の緑化の代表的な手法に屋上緑化がある。

しかし、屋上緑化のすべてがデザインの手法ではない。大都市のヒートアイランド現象の対策として屋上緑化は注目されており、また推進されている。そこを庭園化して四季折々の草花を植え、憩いの場とすることは屋上利用計画の一つでは

①〜③オーストラリア国会議事堂(キャンベラ)議事堂の大半を土で覆い芝生を植えている。④窰洞(ヤオトン)(中国) ⑤新美南吉記念館(愛知) ⑥アクロス福岡 ⑦⑧ぐりんぐりん(福岡)特徴のない埋立地に自然のような地形をつくっている。⑨⑩オークランド美術館(アメリカ)屋上緑化の先駆的建物。⑪なんばパークス(大阪)旧大阪球場跡地を開発してできた商業・オフィス複合施設。最上階に市民が借りられる菜園がある。⑫⑬ユーコート(洛西コーポラティブ住宅)(京都市)ベランダ、階段室に多くのプランターが設置されている。⑭⑮倉敷アイビースクエア

自然で覆う　光とともに覆う　柔らかく覆う　街路・広場を覆う　軽く覆う

ある。しかし、積極的に屋上緑化をデザインとして取り入れるには、屋上まで上らなくても、不特定多数の人たちに自然を感じてもらえるようにデザインされなければならない。

視線が地上からも通るセットバックと組み合わせる方法がある(⑥⑨〜⑪)。壁面緑化の試みもあるが、植栽の手入れに手間がかかることから、まだ一般的な手法とはなっていない。蔦で覆われたレンガの壁面は安らぎを与えてくれる(⑭⑮)。しかし、これは厳密にはデザインされているものとはいえない。ベランダなどに積極的にプランターを配しているほうが、壁面緑化をデザインしているといえる(⑫⑬)。

2 覆う　光とともに覆う

●——美しく装飾された天井を別にすれば、一般的に天井は開口部より上方にあるという位置関係から薄暗いこともあってほとんど認識されないことが多い。例えば、紫宸殿の天井がどのようであったかを思い浮かべられる人は少ない。天井が空間を覆っている主要な要素であることを意識させる方法の一つが、天井を明るくすることである。照明を用いて天井を明るくする方法が最も多く使用されている。しかし、これは建築デザイン的手法とは見なし難い。設計の段階で、太陽光をどのように取り入れて天井を明るくするかを考えるのが建築デザイン的手法である。太陽光を取り入れる方法には、トップライト、ハイサイドライト、ガラス天井な

①シーランチ・プールの更衣室（カリフォルニア）②アムステルダム株式取引所　③④トリノ展示場　採光を考慮した美しい構造体。⑤ドイツ連邦議会新議事堂"ライヒスターク"（ベルリン）旧議事堂の屋上に設置された巨大なガラス・ドーム。⑥シャルル・ド・ゴール国際空港（フランス）⑦クイーン・エリザベス2世グレート・コート（ロンドン）大英博物館の巨大な中庭。⑧マリン郡庁舎（カリフォルニア）⑨⑩クリスタル・カテドラル（カリフォルニア）⑪～⑬なにわの海の時空館（大阪）⑭ヴィーブリ図書館（ロシア）無数の太陽に見立てたトップライト。

自然で覆う　光とともに覆う　柔らかく覆う　街路・広場を覆う　軽く覆う

どがあり、また、取り入れる光量にも多少の違いがある。

トップライト、ハイサイドライトを用いる一般的な目的は、天井を明るくすることではなく、壁面から外光が取れない空間に光を取り入れるためである。その結果として天井が明るくなるのである（①②）。

採光を考慮した美しい構造体（③④）や、ガラス天井を支える構造が見所となっている建物が近年増えている（⑤～⑬）。

冬の長い北欧では、無数の太陽になぞられたトップライトで天井を明るくしている例もある（⑭）。

2 覆う　柔らかく覆う

●──近代以降の建築では、事務所ビルに代表されるように、フラットルーフとユニバーサルスペースに対応した平天井を用いるのが一般的である。しかし、機能性だけでなく、建物に豊かな表現を与えて人間の感性に働きかける形態と空間をつくり出すために、柔らかな形状の屋根や天井を用いた建築が多く見られるようになってきた。

どのような形状に柔らかさを感じるかは、個人的な感覚に委ねられる。しかし、一般的には曲線と曲面で構成されているものが柔らかい形状となる。ただし、曲線と曲面で構成されているならば必ず柔らかな形状となるとは限らない。曲率や

自然で覆う　光とともに覆う　**柔らかく覆う**　街路・広場を覆う　軽く覆う

①②DG銀行（ベルリン）複雑な曲面が不思議な空間を演出している。③④JFK国際空港TWAターミナル（アメリカ）⑤⑥シドニーオペラハウス　⑦⑧ミュンヘン・オリンピック競技場　⑨⑩イエール大学インガルス・スケーティング・リンク（アメリカ）⑪⑫高速道路（太陽道路）にある教会（イタリア）曲線も用いられているが、柔らかい表現とはなっていない例。⑬大滝神社（里宮）本殿・拝殿（福井）曲面が多用されているが、獅子頭のような迫力がある。⑭⑮日生劇場（東京）⑯慈恩寺弥勒堂（山形）優雅な曲線を描く入母屋の茅葺き屋根。

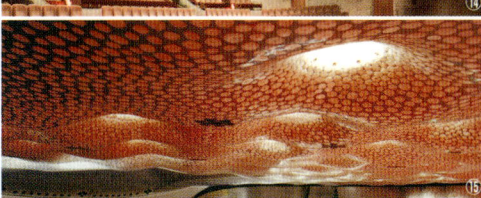

他の要素との組合せによって柔らかさの感じられない建物もある（⑪〜⑬）。

曲線と曲面には、ヴォールト、アーチ、シリンダー、テンション（吊り）構造、シェル構造などのように力学的に決められたものと（③〜⑩）、自由曲線と自由曲面で構成されたものがある（①②⑭〜⑮）。

力学的に決められた曲線と曲面には、柔らかさの中にも緊張感があり、それが全体のまとまりを演出している。

自由曲線と自由曲面は天井に用いられることが多い。天井は構造的な制約が緩いためである。

17

2 覆う　街路・広場を覆う

●——覆うという場合、一般的にそれは建築物を覆う屋根と天井を意味する。しかし、19世紀のヨーロッパでは、パサージュ、アーケードなどと呼ばれる街路を覆うデザイン手法を用いた新しい都市空間が誕生した（①）。J.F.ゲイストはその特徴を、街区内部へのアクセス、私有地の公共空間化（②③）、左右対称、ガラスの天窓、移動のための空間等としている。これらの特徴は、日本中いたるところにあるアーケード商店街に見られる（④〜⑥）。一方、アメリカの大型ショッピング・ストリートでは、昼と夜でその効果を一変させる仕掛けが施されており、未来のアーケードの姿を暗示している（⑦〜⑨）。

自然で覆う　光とともに覆う　柔らかく覆う　**街路・広場を覆う**　軽く覆う

①ヴィットリオ・エマヌエレ2世のガレリア(ミラノ) ②③グム百貨店(モスクワ) ④⑤はりまや橋商店街のアーケード(高知) ⑥那覇の商店街のアーケード　⑦〜⑨フリーモント・ストリート・エクスペリエンス(ラスベガス) 日中は自然光が降り注ぐスペース・フレームのアーケードも、夜は天井スクリーンに変化して映像ショーが繰り広げられる。⑩ソニーセンター(ベルリン) オフィス、集合住宅、娯楽施設が巨大な楕円形屋根で覆った中庭を囲む構成で、広場を覆う蛇の目の大屋根はテント構造。⑪〜⑬オアシス21・水の宇宙船(名古屋市) 合わせ強化ガラスによる空中水盤。

狭い街路の両側に2階建の店舗が並ぶ古くからの商店街やビルの谷間は、多くの場合薄暗く感じられる。しかし、それが天窓で覆われて内部空間化されると、内部にしては明るいと感じられてしまう。また、それは左右対称で、軸線が明快であることから人々を一方向に誘導する。

近年では、街路だけでなく、広場を覆うデザイン手法が用いられるようになった。高層ビルに囲まれた広場の上空を覆う富士山を模した天蓋(⑩)や、地下広場を覆う水を張った覆いなどがある(⑪〜⑬)。これらは雨を防ぐシェルターの役割だけでなく、ランドスケープのシンボルとしての覆いとなっている、

2 覆う　軽く覆う

①②八代市立博物館・未来の森ミュージアム　三角構成のトラス梁を寄せ集めたヴォールトと、それをつなぐタイ・ロッドのPC鋼棒に支えられた軽快な屋根の構成。③④キューガーデン　パーム・ハウス（ロンドン）⑤ミュンヘン・オリンピック競技場　⑥ドイツ連邦議会新議事堂"ライヒスターク"（ベルリン）⑦広島クレド・パセーラ　複合商業施設。屋上のウッドデッキを覆う一層の軽い屋根。⑧クイーン・エリザベス2世グレート・コート（ロンドン）⑨⑩ロンドン動物園の大鳥籠　四面体のフレームを組み合わせて空中に浮かせた構造。

● ——覆う場合、それを構成するものとして、内部空間を覆う天井とシェルターとしての屋根がある。屋根と天井のそれぞれについての説明はここで割愛するが、屋根と天井を一体とするデザインは、内部空間の形が外部に表れなければならないという近代以降の建築に対する考え方に対応した新しい手法である。近代建築の初期の段階では、それらは鉄とガラスを用いた技術に支えられて発展してきた（③④）。しかし、現代では重厚長大から軽薄短小へと時代の価値観や美意識を反映した屋根と天井が一層で構成された、軽そうで軽快に見える"覆い"が多くなってきている（①②⑥〜⑧）。これらを総称して「ライト建築」と言われている。

自然で覆う　光とともに覆う　柔らかく覆う　街路・広場を覆う　**軽く覆う**

　建物、特に屋根を軽く見せるには、材料とそれらを生かす技術的な裏付けが必要である。"覆い"を構成する材料は構造材と仕上材に分けられる。構造材は金属系（鉄、アルミニウム等）が用いられることが多い。仕上材は金属系とガラスや高分子材料が用いられる。技術的には、トラス構造、アーチ、テンション（吊り）構造（⑤）、シェル構造などがある。
　屋根を軽く見せるときのデザイン手法としては、"覆い"を支える構造材を可能な限り細くしたり、エッジを薄くシャープにしたりして軽快に見せるようにする方法がある。また、空が透けて見えるようにして重量感や存在感を薄める方法もある。

3 囲う　全体を囲う

●——「囲う」とは、外からのさまざまな侵略から内側を守るために周囲を何らかの方法でふさぐ行為である。また、囲いの内外の区別をはっきりさせ、各々の性格を差別する役割もある。目的を達成するためには、場所や建物や町をすっぽりと囲う方法が有効である。この「全体を囲う」ことは、古くからさまざまなな場合に活用されてきた。全体を囲うことで、外部からの攻撃を防いだり、侵入者をチェックでき、内部の領域を効率的に把握、管理することができる。特に、城郭や宮殿などの中心的な施設は、囲うことでその象徴性を強調することもできる（①〜③）。また、多数の建物と人口が集中している都市のように一定の広さをもつ地区

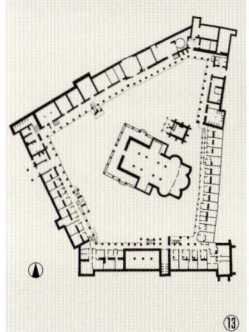

全体を囲う　緩やかに囲う　仮に囲う　領域を表す　中央空間をつくる　囲わない

①③五稜郭（函館市）五角形の美しい城郭、幅広い水堀とその両側の緑地が見事な囲いをつくり出す。②同：平面図　④⑤旧閑谷学校（岡山）伸びやかな校地の外周を蒲鉾型の背の低い石壁で囲む。⑥同：配置図　⑦〜⑨ドゥブロヴニク（クロアチア）中世都市全体を囲う石塀。上部を一周できる。⑩⑪ヨーク（イギリス）旧市街地を取り囲む城壁の内側と外側。⑫リラ修道院（ブルガリア）中央の教会を内側に回廊をもつ僧房が囲む。⑬同：配置図

では、囲われた内側は優位性を主張することになる（⑦〜⑨）。
こうした場合、防御の機能を強く要求されるため、囲うための方法や素材は強さが必要になる。城壁は石を高く厚く積んで頑丈につくられ（⑩⑪）、幅の広い水堀や水路が巡らされた（①）。これらの一部は現在も残存し、その地域の個性を担っている。近年では、住宅や学校などの小規模な施設でも、防犯対策としてフェンスや壁で敷地を囲う傾向が強まっている。しかし、この手法は内外の関係を分断し、隔離と孤立という別の危険性を生む可能性もある。そのため、目的と状況にうまく対応できるような囲うデザインの工夫が求められる。

3 囲う　緩やかに囲う

●——囲むことの本来の意味は、それによって外部と内部、他者と自己の空間を区分することである。しかし、その囲み方には厳しく囲む方法以外に、緩やかに囲む方法も存在する。内部空間の防衛という目的が薄いでくると、後者の方法がもつさまざまな可能性が注目されるようになる。区切りながらつなぐ、自然な感じで独自の空間をつくる、柔らかな表情をもたせる、内部と外部に関係をもたせる、などである。透明感のある素材を用いて緩やかに囲われた建築は、均質で単調になりがちな内部空間に変化をもたらすことができる（①②⑪⑫）。また、建築形態や配置の仕方によって、空間に軽い閉鎖感をつくりだし、安心してくつろ

全体を囲う　**緩やかに囲う**　仮に囲う　領域を表す　中央空間をつくる　囲わない

①馬頭町広重美術館（栃木）屋内から木製のルーバーを通して外部と緩やかにつながる。②同：全体景観　③④ロイヤル・クレッセント（イギリス）柔らかに弧を描く建築で外部空間を緩やかに囲い、快適な芝生空間を生み出す。⑤⑦⑧鞆漁港（福山市）湾の地形に沿って発展した歴史的街並みが海を緩やかに囲う。⑥同：地形図　⑨ミュンヘン・オリンピック競技場　テントの観客席で緩やかに囲まれた競技場。⑩牧野富太郎記念館（高知市）回廊と建築で囲われた楕円形の中庭。⑪メゾン・エルメス（東京）光を緩やかに伝えるガラスブロックの外壁。⑫同：夜景

げる環境を提供できる（③〜⑩）。広場や公園などの人の集まる外部空間では、建築以外にも樹木の配置やマウンドのデザインなどによって緩やかな囲みがつくられ、はっきりとは意識されないものの、不思議に居心地の良い空間が存在する。

3 囲う

仮に囲う

①③同潤会アパートの建替工事仮囲い（東京）垂直面緑化の実験も行う。②同：工事前の様子。④ブランデンブルク門の改装工事仮囲い（ベルリン）透過性の素材で集合住宅ができたかのような表現。⑤同：本来の姿。⑥神戸MEDITERRASSEの仮囲い（神戸市）新ビルのイメージを描く。⑦同：竣工後の様子。⑧建物を覆うような竹足場（香港）⑨工事用の仮囲い（アムステルダム）街の歴史の1ページを並べ伝える。⑩新宿駅南口再開発現場の仮囲い 狭い仮舗道を囲んで配置されたメッセージ板。⑪メッセージを伝える壁面（大阪市）⑫同：竣工後の様子。

● ――空間または物体を、特定の目的のために一時的に何らかの素材で囲うことを、ここでは「仮に囲う」と表現する。広場や道路、公園や庭園などの空間の一部を囲うことで、その内側を通常とは異なる使い方をする場合がある。各種の祭りやイベントの開催などである。仮に囲うためのデザインは、恒久性がないため機能的かつ単純で、設置が簡単で移動も容易なものがほとんどだが、それでも非日常的な空間をつくり出すことができる。仮に囲うことで、空間の用途が広がるといえる。

物体を仮に囲うのは、建築物や土木工作物、門や塔、芸術作品などのモニュメントを建設したり、大規模な改修をしたりする場合であり、仮囲いといわれる。その目的は、

全体を囲う　緩やかに囲う　**仮に囲う**　領域を表す　中央空間をつくる　囲わない

安全面から工事現場を一時的に周囲から隔離するためである。したがって、鉄板、板塀、金網、シートなどで囲えば事足りるのだが、最近は、特に大勢の人が行き来する都市の中心部の工事現場では、工夫されたデザインの仮囲いが目に着くようになった。それらのデザインは多様で、街の景観に配慮したもの(①③)、あたかも違う建物ができたかのような印象をもたせるもの(④⑥)、街の歴史や時代を表すもの(⑨)、メッセージ性のあるアート作品を提示するもの(⑩～⑫)などがある。また仮囲いではないが、工事用の足場が建築を囲っているような印象を与えることもある(⑧)。いずれも仮設なるがゆえに、インパクトが強い表現でも周囲に受け入れられやすい。

27

3 囲う　領域を表す

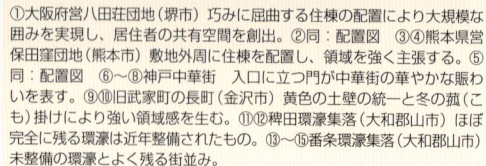

①大阪府営八田荘団地（堺市）巧みに屈曲する住棟の配置により大規模な囲みを実現し、居住者の共有空間を創出。②同：配置図　③④熊本県営保田窪団地（熊本市）敷地外周に住棟を配置し、領域を強く主張する。⑤同：配置図　⑥〜⑧神戸中華街　入口に立つ門が中華街の華やかな賑わいを表す。⑨⑩旧武家町の長町（金沢市）黄色の土壁の統一と冬の菰（こも）掛けにより強い領域感を生む。⑪⑫稗田環濠集落（大和郡山市）ほぼ完全に残る環濠は近年整備されたもの。⑬〜⑮番条環濠集落（大和郡山市）未整備の環濠とよく残る街並み。

●——人間は遥か昔から、自然の中に自分たちの領域をつくり出してきた。初期におけるそれは、住居であり集落である。その領域を外敵から守るために、塀や垣や堀といった物理的な障壁で住居や集落を囲んだ。近代社会になると、個人や団体が自分の所有領域を明示するために、周囲を柵などで囲うことが一般化する。

領域を表す方法は、物理的に囲う以外にもいくつか考えられる。各地の中華街に見られる領域の入口に明確な標識を立てる方法（⑥〜⑧）や、領域内の道や門、塀などを、そこ独特のデザインで統一するやり方（⑨⑩）などである。しかし、多くは周辺を囲う方法がとられる。集合住宅地では、敷地の周囲に住棟を配置したり、住棟の

全体を囲う　緩やかに囲う　仮に囲う　**領域を表す**　中央空間をつくる　囲わない

囲み配置で内側に固有の領域を形成する（①〜⑤）。環濠集落では水壕で囲み（⑪〜⑮）、城閣は石垣や堀で囲われる。領域をつくる内的な動機と、それを囲う外的な表現とは表裏一体をなすものであり、互いの存在を強め合う関係といえる。

29

3 囲う　中央空間をつくる

●──建築による環境づくりには、その中央に何もない空間をつくることで中心性や象徴性を実現する方法がある。スポーツ競技場やイベント会場のように、中央で行われる活動を周りから見物するケースはその典型である（①〜④）。規模が大きく、人間の数が多いほど空間の質は高まり、構造物としての建築の存在を超えて独特の雰囲気の空間が出現する。仮設的につくった場合でも、中央空間のもつ効果は変わらない。古代ギリシャ以来のヨーロッパ都市広場も、建築群で囲うことによって成立する中央空間であり、都市の象徴空間であるだけでなく町の中心として市民集会や催事、仮設市場として使われる（⑪⑫）。規模の小さい中央空間の例としては、大

30

全体を囲う　緩やかに囲う　仮に囲う　領域を表す　**中央空間をつくる**　囲わない

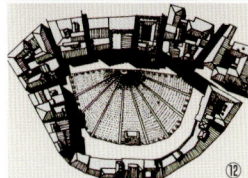

①②チンチョンのマヨール広場(スペイン) 周囲を囲む建築群が、イベント開催時には観覧席となり中央を引き立たせる。③④コロッセロ(ローマ) 競技場となる中央空間を急勾配の観客席が取り囲む。⑤ケンブリッジ大学(イギリス) 各カレッジはコート(中庭)を中心に建てられる。⑥⑧神戸芸術工科大学(神戸市) 大学の中心、シンボル的な中央広場。⑦キャナルシティ博多(福岡市) 巧みに活用される中央広場。⑨グラントワ(益田市) 回廊によって囲われた広場。⑩イスラムのパティオ(スペイン) 住居の中心をなす中庭。⑪⑫カンポ広場(イタリア) 中央空間。

学の中庭や住居内のパティオが挙げられる(⑤〜⑩)。ここは学生や家族が集まる場所であり、戸外の居間ともいえる独立性の高い空間としてデザインされている。中央空間はその周辺空間との関係によって成り立ち、変化する空間である。

3 囲う ─ 囲わない

①②ワシントン村分譲住宅地(三田市) 敷地前面に塀をつくらず、共通空間の視認性を良くしている。③同:建築協定 ④⑤北米の郊外住宅地(カナダ) ⑥⑦ルーヴァンニュータウン(ベルギー) 都市と大学の境界をいっさい設けず、混在させている。⑧打瀬小学校(千葉市) 地区の公道がそのまま校内へつながる。⑨ 同:配置図 ⑩同:教室や廊下の壁のない室内空間。⑪同:住宅団地につながる校庭。⑫同:校庭と公園の接点。⑬吉備高原小学校(岡山) 教室内の様子が外からよくわかる。⑭同:地域へつながるバス。

● ──建築や集落、都市のデザイン手法では、外からのさまざまな侵略から内部を守るために、周囲を物理的に囲う方法が一般的であった。社会が近代化するにつれ、都市や集落の囲みは取り払われたが、用途が単一で攻撃を受けやすい学校や戸建住宅では、敷地全体を囲う傾向はむしろ強まり、本来は開放的な空間であるはずの公園でさえ、安全のために囲われるようになってきた。しかし、囲うことによって空間は閉鎖的になりやすく、同時に人のつながりが弱くなるという問題も指摘されている。
最近のデザイン事例の中には、設計の段階から意図的に敷地境界に壁や柵などをつくらない「囲わない」デザイン手法をとっているものがわずかではあるが存在する(①

全体を囲う　緩やかに囲う　仮に囲う　領域を表す　中央空間をつくる　**囲わない**

〜⑦)。その際、防御対策も検討されていることは言うまでもない。囲わない手法の利点は、内と外が連続していて、互いの様子を確認できることであり、外からの侵入を心理的に困難にすることで防衛することができる(⑧⑨)。また、互いに顔を合わせる機会が増え、人と人のつながりも自然に強くなり、交流も生まれやすい。さらに、住宅どうしの間、住宅地と学校の間(⑪)、学校と公園の間(⑫)などに塀がなくなることによって、互いの空間に関心が向けられ、コミュニティの形成や地域の付加価値の増大につながることもある。このことは敷地の境界だけでなく、建築の内部空間にも適用可能で、教室間の壁をなくす(⑩)などの試みも見られる。

4 積む

同じ要素を積む

① ② ③ ④ ⑤ ⑥

● ——より高い建築を建造することは、歴史を通じ大きな夢であり、人間の欲望の一つである。宗教や権力、技術の象徴として、古くからピラミッドを始め、さまざまなシンボリックな塔が建てられ、現代の超高層建築もモニュメンタルな構築物として存在感をもっている。技術や素材の開発・発展とともにより高層化が可能となり、建築の表層のデザインも多様なものとなっている。都市景観の中でランドマークやアイストップとなり、その都市のアイデンティティを高めている。ここでは、一定のボリュームを積み重ねるデザインと、外形の表層をつくる素材やテクスチャーを構成するエレメントを重ねることにより、豊かなファサードの

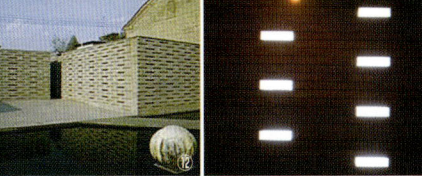

同じ要素を積む　異なる要素を積む　層を重ねる　基壇に載せる　ずらしながら積む　ランダムに積む

①ソフィテル東京　②ピサの斜塔（イタリア）③中銀カプセルタワー（東京）④⑤薬師寺・東塔（奈良）裳階と呼ばれる小さな屋根のある三重塔。⑥談山神社・十三重塔（奈良）⑦正倉院（奈良）断面が三角形の檜材を20段重ねて壁を構成し、木の収縮により庫内の宝物の環境を守る説がある。⑧ルイ・ヴィトン高知　⑨メゾン・エルメス（東京）ガラスブロックを積んだ外装は、昼と夜でその表情を変化させる。⑩中城城址（沖縄）標高167mの高台に建てられた城の石壁。⑪芹沢銈介美術館（静岡）⑫⑬石の美術館（栃木）地元原産の芦野石をルーバー状に加工して積んでいる。

表情を演出するものを紹介する。

柱や開口のデザインが統一された一層分のボリュームを積み重ねる例は多い（①〜⑥）。建築全体として、同一のデザインで各階を構成し繰り返し積むことにより、統一感の中に大きなリズム感を醸し出し、立面に変化を与えている。

また、壁面などの構成として、同一の部材を積み上げて壁面を構成する校倉造や組積造、石造では、同じ大きさや形状のものを用いても、積み方の手法により表層から受けるイメージが異なるものとなる（⑦⑩⑪）。現代では、ガラスなどさまざまな素材が用いられ、より多様なファサードが生まれている（⑧⑨⑫⑬）。

4 積む ― 異なる要素を積む

●――建築には、さまざまな異なった形態のエレメントや素材を積み重ねて豊かな表情を醸し出しているものがある。異なる要素を積み重ねて形成されるファサードの形態は、屋根や構造などの「機能」を表出する形態と「装飾」とに大別することができる。建築の形態は、その建築の機能と意匠上の意図や全体のプロポーションによって決定づけられる。デザイン手法として、要素を「複合」し有機的に構成することにより全体として調和させる手法と、意図的に要素を「対立」させることによってファサードに特徴をもたせる手法とがある。スパイラルは、「複合」と「対立」を両立させた建築である（②③）。

同じ要素を積む　**異なる要素を積む**　層を重ねる　基壇に載せる　ずらしながら積む　ランダムに積む

①ヤマトインターナショナル（東京）街並みや集落を連想させる複雑で多様なファサード。②③スパイラル（東京）ポストモダンの代表作で、方形、円錐などの純幾何学的形態の要素をコラージュして積み上げたデザイン。④コロッセオ（ローマ）4層構造で下から順にドーリア式、イオニア式、コリント式のアーチ、最上階はコリント式の頭柱。⑤⑥パタンのダルバール広場（ネパール）旧王宮広場。⑦⑧ブラーク／オールド・ハーバー開発計画（ロッテルダム）⑨本願寺飛雲閣（京都市）⑩⑪直島町役場（香川）桃山時代の傑作「本願寺飛雲閣」のデザインを引用している。

歴史的な建築では、彫刻や絵画などさまざまな意味を有した装飾的要素が、文字や言葉を知らない人々にもその意味を伝えている（④〜⑥）。近代建築では、機能の表出として均一的な形でファサードが形成された。一方、異なる要素を積む手法による建築は、建築のアイデンティティが高められ、個性のある自由な表現手法として用いられている。風土的なデザインモチーフ、特異な形態を積むもの、多様な異形を複合させるものなど、積み上げることによりできた凹凸によって、ファサードが立体的に見える（①⑦〜⑩）。視点によって建物の見え方や受ける印象も大きく異なる。

4 積む　層を重ねる

●——都市においては、古代から現代に至るまで、限られた空間の中でより多くの建築空間を獲得するため、空間を層状に積み重ねる手法は多数見られる。重ねられた層は、ファサードに繰り返しのリズムと空に向かう上昇感を生む一方、単調な繰り返しや単一な機能を重ねることにより均一な景観の都市空間を生んだ。
都市空間を魅力あるものにするための手法として、単に層を重ねるのではなく、特徴のあるデザインや構造体を表すこと、さらに開口から漏れる光などの工夫がされている。これらにより変化に富んだファサードをつくり、都市景観に多様性を創出している（①〜⑥⑩）。

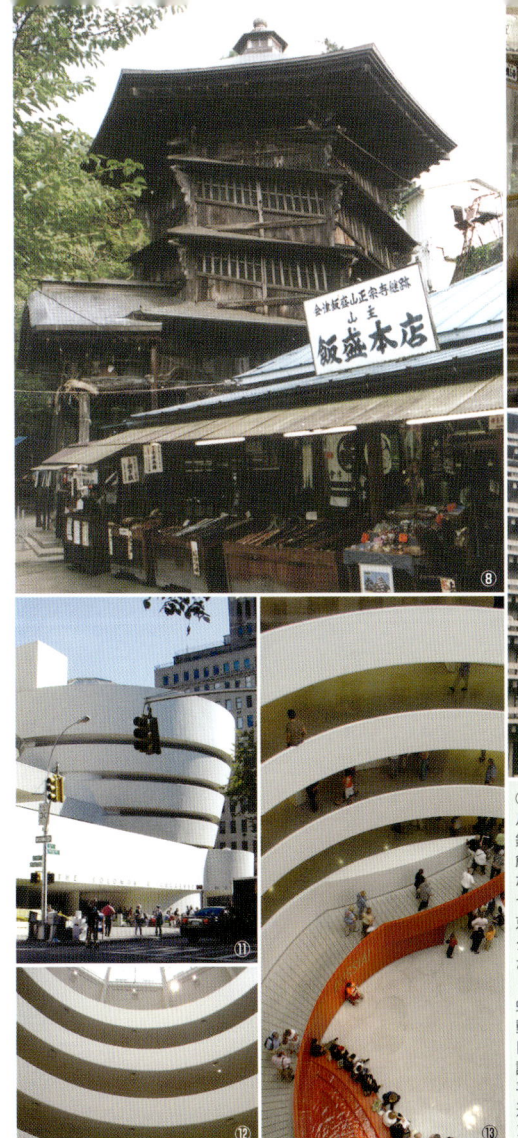

①～③せんだいメディアテーク ハニカムフラットスラブを13本の鋼管トラスのチューブで支えた独創的な構造。海草がゆらめくような形態である。④カサ・ミラ(バルセロナ) ⑤センチュリー・タワー(東京) ⑥香港上海銀行 ⑦ユニテ・ダビタシオン(マルセイユ) ⑧⑨さざえ堂(会津若松市) 正式名称は「円通三匝堂」といい、階段が二重螺旋になっていて、上り・下りで動線が交差しない。⑩香川県庁舎 日本の伝統的な線のデザインを意識し、バルコニー手摺りにより水平線が強調された層を成す、日本近代建築の代表作。⑪～⑬グッゲンハイム美術館(ニューヨーク)

同じ要素を積む　異なる要素を積む　**層を重ねる**　基壇に載せる　ずらしながら積む　ランダムに積む

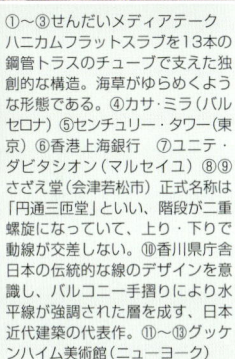

層を重ねることにより、均一な内部空間を獲得できる反面、空間は一層ごとに分離される。分断された空間をつなぐ方法として、吹抜けやアトリウムがある。両者の空間を一体として関係をもたせること、さらに階段やスロープなどの縦動線によって空間をつなぐ手法は、見る・見られるといった関係性が生まれ、空間はダイナミックな流動性や透明性を生み、分断された空間を魅力ある空間に変える効果的な手法である(⑪～⑬)。水平な床を重ねる手法に対峙し、特殊な層の重ね方に螺旋状に層を積む手法がある。移動空間をそのまま表したダイナミックで特異なファサードを見ることができる(⑧⑨)。

39

4 積む 基壇に載せる

①

②

③

④

● ―― 基壇に載せる手法は、上部に積むものを特別なものとして扱う意思表示を表している。上物と基壇に階層性や序列をもたらし、象徴性や威厳性を生む。技術的には地形の不陸をなくし、建築を堅固なものに仕上げる手法であり、構造の安定性を獲得し、ボリュームとして機能を分離・分節するものである。

基壇に載せることによって建築を周囲の環境より高くし、宗教や権力の象徴性を高めた。基壇の置かれる場所は神聖な場所で、そこに建つ巨大な建築は宗教的な強い意味をもっていることが多い。広場全体を埋め尽くす基壇に載せている仏教寺院の巨大なボダナト・ストゥーパや、石の基壇に載せたヒンドゥ宗教のアンコ

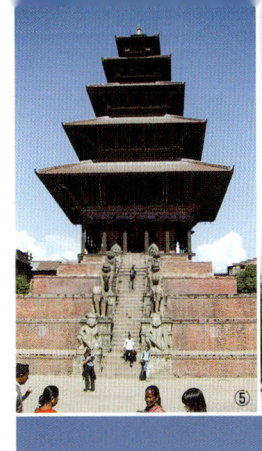

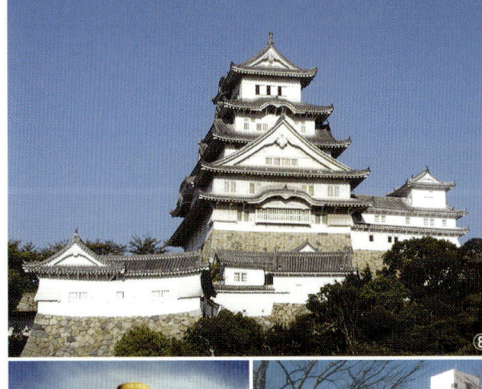

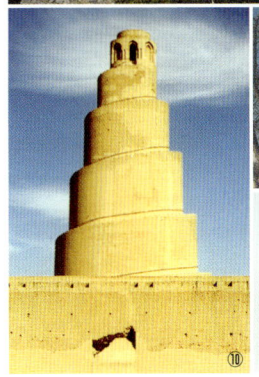

同じ要素を積む　異なる要素を積む　層を重ねる　**基壇に載せる**　ずらしながら積む　ランダムに積む

①②ボダナト・ストゥーパ（ネパール）ネパール最大のストゥーパ。チベット仏教の巡礼地。③バルセロナ・パビリオン　④アンコール・ワット（カンボジア）⑤ニャタポラ寺院（ネパール）⑥ひらかれた手のモニュメント（インド）コルビュジエにより計画されて実現した唯一の都市にあるモニュメント。⑦キリンプラザ（大阪）⑧姫路城　⑨新丸の内ビルディング（東京）⑩サーマッラーミナレット（イラク）螺旋状のミナレットは、カイロとサーマッラーのみに現存する。⑪つくばセンタービル　ポストモダニズム建築の代表例。

ールワット等は代表例である（①②④⑤⑧⑩）。スケールの小さい事例として、王座や祭壇、床の間、雛壇など数多く存在する。

現代においても象徴性の高い建築を建てるという意思が表れ、都市のシンボルやランドマークとなっている（⑥⑦⑨）。現代建築において、基壇部分と上物とはまったく異なった手法が用いられる例も多い。

基壇に載せる手法は、不動の安定性を与え、象徴性や威厳性を強調しつつ複雑な機能や要素を下部において引き締め、ファサードのデザインや空間をまとめる手法として用いられている（③⑪）。

41

4 積む

ずらしながら積む

●——人間の欲望あるいは権威の象徴として、古代から建造物をより高く構築していくための技術が発達してきた。天に向かって垂直に真っすぐ積み上げる技術は容易ではなく、下方から上方に向けて徐々に小さくずらしながら積んでいく手法は数多く見られる（④⑥）。視覚的には遠近法の効果により、より高く感じさせることができ、安定感を与える。

現代では、地形に沿って建物をずらしながら積んでいくもの（⑤⑨〜⑪）や、都市の環境や景観との関係を配慮し、階をずらしながらセットバックさせていく手法がある（②③）。特異な例として、下方を小さく上方を大きく重ねていく逆セット

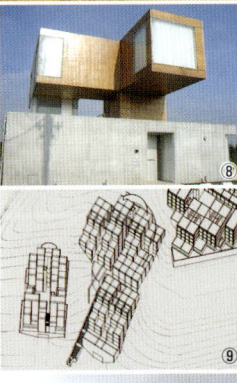

同じ要素を積む　異なる要素を積む　層を重ねる　基壇に載せる　**ずらしながら積む**　ランダムに積む

①熊本北警察署　上階ほど広くなる平面構成の最上部は、剣道場・柔道場の大空間が配置されている。②③アクロス福岡　基本構想はエミリオ・アンバース。天神中央公園と建物の緑を連続させるコンセプトで、環境に配慮した建築の代表的作品。④ティカル（グアテマラ）密林の中にあるマヤ文明最大の都市遺跡。天に向かうようにそびえ立つ。⑤ライフイン京都　⑥ギザのピラミッド（エジプト）⑦水戸芸術館　一辺9.6mの正四面体をずらしながら積み上げ、正三角形のチタンパネルで覆った100mの塔。⑧OTA HOUSE MUSEUM（群馬）⑨〜⑪六甲の集合住宅（神戸）

バックの例もある（①⑧）。視覚的に不安定感があり、下から見ると極めて圧迫感を与えるものの、頭上に覆いかぶさる形態のボリュームは迫力があり、その印象は強い。また、上方に向かってひねるようにずらしながら積層させる手法もある。外観はダイナミックな変化を与える（⑦）。ずらしながら積む手法は、空間を獲得するうえでは非効率的であるが、魅力的で多様な空間を生む。

垂直に積む手法に比べ周辺環境とのつながりが良好になり、上下階の関係は空中に広場的空間と光を確保することができ、特に集合住宅の居住環境のさまざまな条件を解決する手法として用いられている。

4 積む ランダムに積む

●──ランダムとは、「でたらめの、無原則な」「無作為の」といった意味がある。つまり「ランダムに積む」とは、無原則、あるいは無作為に建築部材を積み重ねているように建築を構築することである。

古来、建築物には安定的な構造が求められてきた。より高く、より堅固な建築物が求められた古い時代には、ランダムに積むということは、すなわち建物自体の崩壊を意味した。今日、ランダムに積む手法が成立している背景には、むろん近年の建築技術の飛躍的な進展があげられる。いわゆる建築物の概念を覆すような奇抜なファサードに街行く人も足をとめ、一度見れば忘れられない建築となり得る。

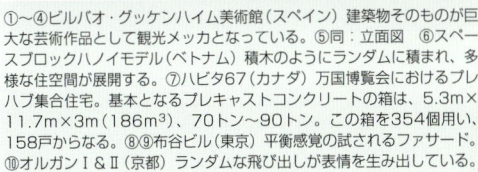

同じ要素を積む　異なる要素を積む　層を重ねる　基壇に載せる　ずらしながら積む　**ランダムに積む**

①〜④ビルバオ・グッケンハイム美術館（スペイン）建築物そのものが巨大な芸術作品として観光メッカとなっている。⑤同：立面図　⑥スペースブロックハノイモデル（ベトナム）積木のようにランダムに積まれ、多様な住空間が展開する。⑦ハビタ67（カナダ）万国博覧会におけるプレハブ集合住宅。基本となるプレキャストコンクリートの箱は、5.3m×11.7m×3m（186m³）、70トン〜90トン。この箱を354個用い、158戸からなる。⑧⑨布谷ビル（東京）平衡感覚の試されるファサード。⑩オルガンⅠ＆Ⅱ（京都）ランダムな飛び出しが表情を生み出している。

こうした建築はコストがかさみがちであるが、それをカバーするほどに観光のメッカともなり得る（①〜⑤）。

「ランダムに積む」には、四角い箱をランダムに積むもの（⑥⑦⑩）と、ランダムなパーツをさらにランダムに積むもの（①〜⑤）がある。ランダムに積むことで、本来は静的な建築物に表情が生まれ、動的なものとなる。建物概観のみならず、内部空間も驚きや発見を与えるような空間となりやすい。非日常的な感じを演出しやすいが、空間を体験する人々の平衡感覚に影響を及ぼすこともある（⑧⑨）。その不安定感を楽しめる状態にとどめるのがデザインの極意であろう。

5 組む

格子で組む

●——私たちは人手で運べる小さな単位の材料を加工し、その部材を組み上げることによって建築をつくる。太古より、柱や壁を立てて屋根を架ける際に「組む」技術が必要だった。乾燥地帯においては土を固め、石を削り出し「積みながら組む」技術が発達し（①）、湿潤温暖地域では木材を用いて「細材を組む」架構技術が発達した（③④）。また、足場の悪い斜面や崖にあっても、格子の単位を小さく扱うことで地形に沿って建築することが可能となる（⑤）。近年は有限要素法（FEM）による解析技術の発達により、鉄骨造による高層建築が可能となった（②）。

一方、現代では読み替えの手法が多く、空間単位や領域表現に合わせたモジュー

格子で組む　トラス・スペースフレームでつくる　面でつくる　ボリュームでつくる　組み立てる

①ステップウェル(インド) 地下7層の階段井戸。②大阪東京海上ビルディング(大阪市) 重量を考慮した井桁状の柱。③東大寺南大門(奈良) 柱と無数の貫が水平・垂直の美しさをもたらす大仏様の建築。④吉島家住宅(岐阜) 梁・小屋束・貫が縦横にはしる立体格子。⑤清水寺(京都市) 139の柱に支えられた舞台造。⑥東雲キャナルコートCODAN(東京) 大規模集合住宅の新しい形式を模索。⑦⑧南岳山光明寺(愛媛) 集成材による様式表現の抽象化。⑨プラダ・ブティック青山(東京) ⑩岐阜県立森林アカデミー　在来技術と地場材の融合。

ルとして扱い、グリッドが強調される(⑥)。伝統的な組み方を再考し、抽象的な表現として角材のみを使用して組んだ寺社建築は、統一された素材が意匠と構造を兼ねている点で新鮮である(⑦⑧)。細材を格子状に組み、透ける壁を構造とし、柱・梁の組む手法を用いながら壁として扱うことで意味の読み替えを行っている点に新しい可能性を見て取れる例もある(⑩)。水平と垂直の格子を籠網の要領で斜め材に置き換えることは、接合部の強度と耐震力の点でも多くの利をもたらし、床盤との分離によって外皮を独立した殻のように扱う事例が増えている。これらは構造と機能、表層の分離を促し、新しい表現を可能にしている(⑨)。

47

5 組む ― トラス・スペースフレームでつくる

●——力学的に最も合理的なトラス（三角）フレームは、単位部材によって大空間や大スパンを架ける際に有効な手法である。これを「スペースフレーム」とも呼ぶ。基本的にフレームには軽さが求められるため、線材を用いて材の使用量を減らしながらより大きな空間を覆うための構造である。古くは建築より橋梁に使われ、木材を用いて工夫されてきたが、鋼材の登場によって発達した（①②）。
スペースフレームの技術は、19世紀に入った産業革命以降、博覧会における建築技術の象徴となり、しだいにスパンを必要とされる橋梁、駅操車場、格納庫などに用いられはじめ、大人数を収容する建築空間あるいは象徴としての塔の建築

格子で組む **トラス・スペースフレームでつくる** 面でつくる ボリュームでつくる 組み立てる

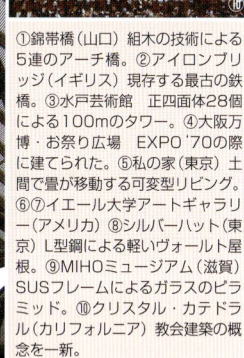

①錦帯橋(山口) 組木の技術による5連のアーチ橋。②アイアンブリッジ(イギリス) 現存する最古の鉄橋。③水戸芸術館 正四面体28個による100mのタワー。④大阪万博・お祭り広場 EXPO '70の際に建てられた。⑤私の家(東京) 土間で畳が移動する可変型リビング。⑥⑦イエール大学アートギャラリー(アメリカ) ⑧シルバーハット(東京) L型鋼による軽いヴォールト屋根。⑨MIHOミュージアム(滋賀) SUSフレームによるガラスのピラミッド。⑩クリスタル・カテドラル(カリフォルニア) 教会建築の概念を一新。

(③)に多く採用されている。大空間が可能となったことでまた違った意味の表現が多く登場するのは、フレキシビリティの概念である(④)。これは小さな住宅においても用いられるようになり(⑤)、しだいに中間領域の表現へと移行する(⑧)。また、構造的には矛盾しているが、トラスをコンクリートによって成立させたイエール大学アートギャラリーは、獲得した技術を工法に終わらせることなく批評性をもって採用した好例である(⑥⑦)。

近年では、ガラスという透明な素材との組合せによって外部＝内部の関係を曖昧にしつつ、環境を覆う装置として使われている(⑨⑩)。

5 組む

面でつくる

①

②

③

●――建築を面でつくるためには、古代から半球体を覆うドーム(④)のように、素材をアーチ状に「積む」ことで面を構成しているものが基本であった。現代では、鉄筋コンクリートが発明されてから板状の面で構成される事例が多く見られる。特に、曲面には自然形態に近似した詩的なイメージが伴うが、シェルをいくつも爪先立てた形態(⑤)などは、プレキャストコンクリートという高度な技が裏でこれを支えている。シェルを二次元にしてサイクロイド曲線によるかまぼこ屋根を隅の4つの柱で支えるキンベル美術館(②③)は、最頂点にスリット状の孔を開けて採光を取っているため、利用者にとっては美しく静かな時間が流れていても、

50

格子で組む　トラス・スペースフレームでつくる　**面でつくる**　ボリュームでつくる　組み立てる

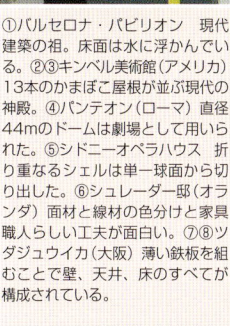

①バルセロナ・パビリオン　現代建築の祖。床面は水に浮かんでいる。②③キンベル美術館（アメリカ）13本のかまぼこ屋根が並ぶ現代の神殿。④パンテオン（ローマ）直径44mのドームは劇場として用いられた。⑤シドニーオペラハウス　折り重なるシェルは単一球面から切り出した。⑥シュレーダー邸（オランダ）面材と線材の色分けと家具職人らしい工夫が面白い。⑦⑧ツタジュウイカ（大阪）薄い鉄板を組むことで壁、天井、床のすべてが構成されている。

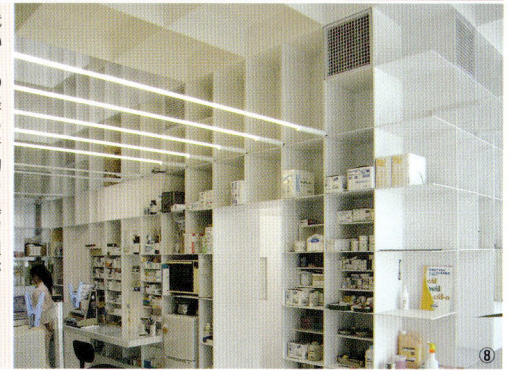

躯体の中では緊張材が最大限に働いてシェルを維持しており、多くの技が隠されている。

一方、平面材を組み立てる手法は空間の構成法を意識した事例が多い。床、壁、天井材の配置構成により曖昧な内外をつくり出した例（①）や、意味づけの違いによって色分けされた等価な材を構成の操作によって空間を形成する例（⑥）などは、ミニマリズムの傾向が強い。新しい傾向としては構造体に鉄板を用い、面と補強材が屋根、壁、床の3要素を等価な要素として扱い、部位の意味消去によって構成から空間のモチベーションを喚起する手法（⑦⑧）も注目される。

51

5 組む ボリュームでつくる

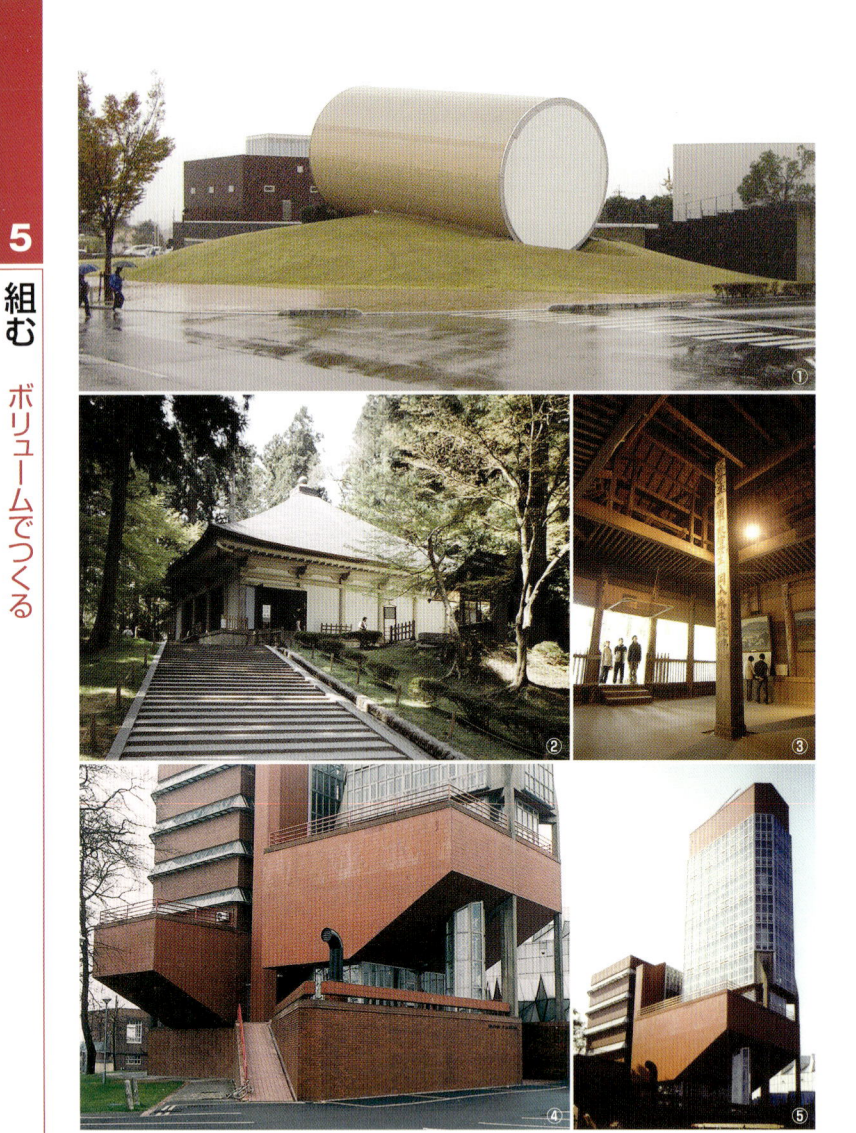

● ── 古くから「鞘堂」は、大切な物を守るためのひと回り大きな器をもつ形式（②③）として知られている。近年では、新しい美術品展示の形式に鞘堂を選択した珍しい事例（①）もある。

現代建築では、ボリュームでつくる手法は機能との関係で考えるとわかりやすい。複数の形態要素を組み合わせ、ぶつかり合うすき間をデザインしたレスター大学工学部棟（④⑤）は近代主義からの反動意識が強く、内部と外部の統一、機能性と形態の一致といった考え方が否定されたことにより生まれた。この傾向は、貫入、挿入、反復といった建築的操作によってスペースを相関あるいは重合させた事例（⑧）

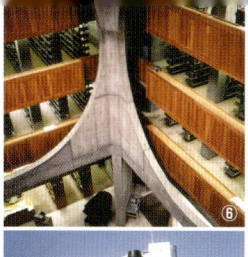

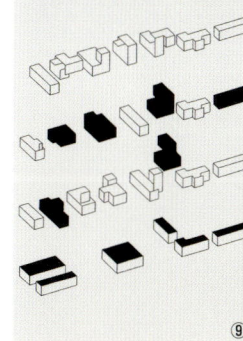

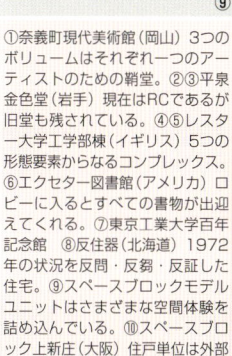

格子で組む　トラス・スペースフレームでつくる　面でつくる　**ボリュームでつくる**　組み立てる

①奈義町現代美術館（岡山）3つのボリュームはそれぞれ一つのアーティストのための鞘堂。②③平泉金色堂（岩手）現在はRCであるが旧堂も残されている。④⑤レスター大学工学部棟（イギリス）5つの形態要素からなるコンプレックス。⑥エクセター図書館（アメリカ）ロビーに入るとすべての書物が出迎えてくれる。⑦東京工業大学百年記念館　⑧反住器（北海道）1972年の状況を反問・反芻・反証した住宅。⑨スペースブロックモデルユニットはさまざまな空間体験を詰め込んでいる。⑩スペースブロック上新庄（大阪）住戸単位は外部からは明確に判別できない。

にも色濃く見ることができる。
一方、場所と機能の関係を二重の壁により入れ子で表現したエクセター図書館（⑥）や、都市の観察からアジア的なカオスの様相を建築の構成手法とした東京工業大学百年記念館（⑦）などは、いずれも機能を平面の二次元的な検討ではなく、ボリュームとしてとらえて断面と立体を同時に検討するところに発想源がある。単調になりがちな集合住宅の構成においても、体験とシークエンスを空間体験のユニットとして扱うことで新しい概念を吹き込んだスペースブロックの事例などがある（⑨⑩）。

53

5 組む　組み立てる

①②リチャーズメディカルセンター（アメリカ）PCの合成梁は配管を通す。③④出雲大社庁の舎（島根）木造架構と同様の扱い方で組む。⑤ジョンソン・ワックス本社（アメリカ）蓮の葉のような柱の下で働く様は水面下の魚のような気分。⑥同：ガラスチューブを1本ずつ重ねた外壁。⑦同：柱脚は配線取出し口となり、フレキシビリティに配慮。⑧ロイズ・オブ・ロンドン（イギリス）単位から全体への徹底した論理構成は今も新鮮である。⑨アラブ世界研究所（パリ）絞り模様がイスラムの幾何学模様に近似。⑩ポンピドー・センター（パリ）いつでも建築中のような外観。

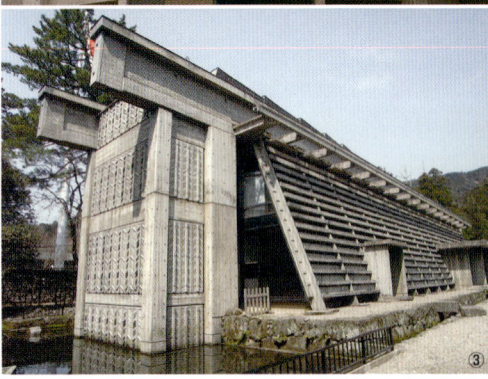

● ──装置、ハイテク部材、既成材で組み立てる手法である。伝統的な木造に対比するように、PCコンクリート材を力強くかつ繊細な表現までを追求した出雲大社庁の舎（③④）は、素材の置換を行いつつ、組み立てる行為を継続した例である。サービスする側とされる側といった場所の秩序を表現したリチャーズメディカルセンター（①②）では、構造体を部品化し施工手順をシステム化して組立て方の整合性までを追求している。また、材料の反復により経済性を求めながらも豊かさを獲得している事例には、自然界の植物をモチーフにしたオフィス（⑤〜⑦）や、レンズの絞り構造を採用した研究所（⑨）などを挙げることができる。

格子で組む　トラス・スペースフレームでつくる　面でつくる　ボリュームでつくる　**組み立てる**

一方、「単位」にこだわり、その性質や癖、接続性を建築全体のシステムや動線、プランに発展させていく手法もある。理論的構成がすべての部位に対して徹底して守られているケース(⑧)では、交換可能な設備や装置が外側を覆い、中心にフレキシブルなフロアが展開される。同様に、催事に合わせてスペースが可変するように部品単位の合理化を図り、取付け手順や時間短縮にまで配慮している事例(⑩)もある。これらは「ハイテク・ハイブリット建築」とも呼ばれ、技術に加えてその理論的思考が設計者を魅了する。これらはおもに乾式工法によって経済性、現場作業合理化、高精度化について従来の工法に新しい視点をもたらしている。

55

6 掘る・刻む　掘り下げる

●——雄大で頑強な大地を掘り下げて空間をつくる。古い時代において掘り下げることは、膨大な時間と労力を要した。そこには、人間の営みを維持するための明確な意図と目的が存在する。人間の生命を維持するため、地下に眠る水を求め掘り下げる。大地に垂直に深く刻み込んだ建造物には、一般市民のつくった粗野な水汲み場から時の王朝の威信をかけた水汲み場まであり、王朝のものは単なる水汲み場と呼ぶにはあまりにも美しく華麗である。地上とまったく異なった環境の空間には、静寂な中に闇と光が混在する。その空間は神秘性や宗教性を感じさせる（①〜⑦）。また、さまざまな環境条件や敵から身を守るシェルターの確保のた

掘り下げる　横に掘る　刻む・切り取る　地下空間をつくる

①モデラー階段池（インド）②③パタン階段井戸（インド）④〜⑦アダラジ階段井戸（インド）水を求め階段を上り下りすることは、巡礼の旅を意味する。⑧⑨窰洞（ヤオトン）（中国）⑩⑪地底の森ミュージアム（宮城）⑫⑬テンペリアウキオ（ヘルシンキ）⑭コロニア・グエル教会（バルセロナ）⑮ケルン・フィルハーモニー　地下にコンサートホールが埋まっている。⑯〜⑱国立長崎原爆死没者追悼平和祈念館爆心地に近い敷地に建つ。建物の大部分を地下に埋め、地上の池には原爆死没者数の7万と同じ数の光ファイバーが設置され、祈りの空間を創出している。

め掘り下げる（⑧⑨）。いずれも大地と格闘し獲得したことに裏打ちされた痕跡が空間に表れている。都市においては景観や環境に配慮するため、地下に空間をつくることにより周辺と調和させる手法がとられている（⑮〜⑱）。土や岩を掘り下げることによって得られる空間には迫力がある。大地に垂直に掘った空間の上空から差し込む光によって浮かび上がる空間は、地下の閉鎖的空間を打ち破り、空へ向かう上昇感を伴い、地と空を直結した神聖な空間にいざなう。掘り下げる形や地上につながる開口部の形状、光の取入れ方により、闇の空間から光の満ちた空間にさまざまに演出でき、無限の可能性を秘めている。

6 掘る・刻む　横に掘る

①②③④⑤⑥⑦⑧

◉——生活のための空間として、人間は原始から自然にできた横穴を利用し、外敵や自然の環境から身を守ってきた。そのままの形で洞窟を利用していたものから、生活の様式の変化に合わせてさらに奥へと掘り進むことによって、機能性や利便性の高い空間を確保してきた（⑨〜⑪⑮）。

一方で、祠に見られるように奥に入って進む感覚は闇の世界の神秘性を与え、神聖さを誘引して宗教や神殿の空間として多く用いられている（①〜⑧⑯）。川沿いなどの傾斜地に沿って岩山に直角ではなく、平行に掘っていくものがある。外観は等高線に沿った線的な構成であるが、常に外部空間と関わりをもち、明るく

掘り下げる　**横に掘る**　刻む・切り取る　地下空間をつくる

①〜⑤アジャンタ（インド）⑥〜⑧ペトラ（ヨルダン）シク（アラビア語で大地の狭間）を20分ほど歩くと、エルカズネ（アラビア語で宝物庫）が現れる。建物の用途は解明されていない。⑨〜⑪グァディクス（スペイン）街の起源はローマ時代以前。この地域はさまざまな支配によって占領され、幾多の戦争に巻き込まれた。それを逃れるために人々は土の中に住み始めたという。⑫⑬グアナファト（メキシコ）⑭フェルゼンライトシューレ（オーストリア）⑮マテーラの洞窟住居（イタリア）政策で一時住民は退去したが、現在では住民が戻りつつある。⑯エローラ（インド）

開放的なアクティビティの高い空間としてランドスケープをつくっている。岩肌に建築的な造形を刻んで空間を構築する手法は彫刻的な行為であり、いわゆる建築の技術とは異なるものである。これらの掘られた横穴は近年見直され、有効に用いる事例が見られる。現代のサスティナブルな考え方に近いものである。銀の採掘のため縦横に掘られた坑道を地下自動車専用道路として再利用し、地上の街にアクセスする。地上の道は歩行者専用道路とした街がある（⑫⑬）。また、岩肌をくり抜いてつくられた巨大な空間に観客席を設け、現在劇場として使われているものがある（⑭）。

59

6 掘る・刻む

刻む・切り取る

●——一つの形を生む手法として、彫刻に見られるように物を切り刻んでいく方法と、壁などに物を付加していく方法がある。ここではおもに石などの素材を刻み、空間や建築の表層を形づくる手法について解説する。単純に刻むことが唯一の空間を獲得する方法だった頃、人々は住居や寺院、仏像などの宗教建築を自然の岩山を刻むことでつくった。素朴な技術により獲得された空間は、「もの」を刻んだ圧倒的な迫力、悠久たる静謐な空間をもって私たちに語りかけてくる（①〜④⑰）。その後、刻む手法は空間を装飾し、空間に表情を与える技術として発達した。空間として壁、天井などの平面に刻むことによってできる凹凸は、その造形と光の

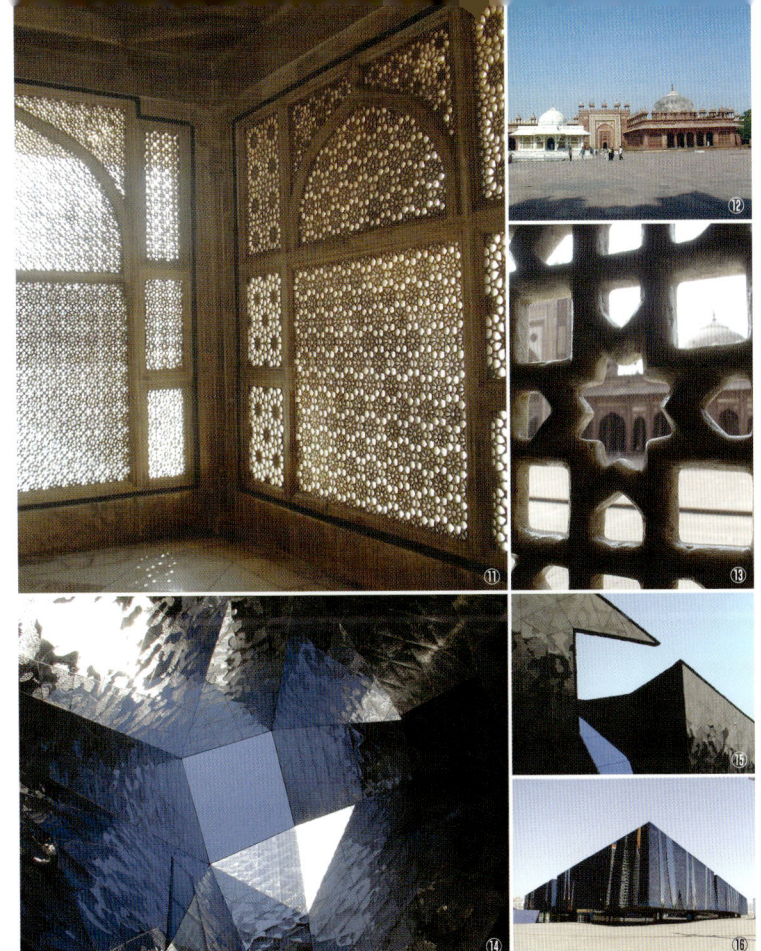

掘り下げる　横に掘る　**刻む・切り取る**　地下空間をつくる

①〜④第16窟カイラーサナータ寺院（インド）1つの花崗岩から掘られ、完成まで1世紀以上かかったといわれている。⑤〜⑦日光東照宮　神厩舎に飾られた、人間の一生を描いた一連の彫刻の一つ。⑧サグラダ・ファミリア（バルセロナ）⑨⑩セビリア大聖堂（スペイン）⑪〜⑬ファティプル・シークリー（インド）⑭〜⑯Forum2004（バルセロナ）岩を思わせるテクスチャーの外壁と金属に模様が刻まれた外壁をもち、床は傾斜。夏季は貯めた雨水で屋根を冷却するエコロジカル機能をもつ。⑰臼杵の磨崖仏（大分）

陰影によってより立体的に見え、平面の中に立体感を生む（⑤〜⑩）。その手法を生かしたものとして、土や石を刻んだレリーフがある（⑪〜⑬）。人物や動物、植物などを模倣したり、幾何学的な模様を施し、幾何学の繰り返しや秩序に永遠性を感じ、神秘的な世界観を表現した。レリーフは、普遍的な物質の固まりを刻み永遠に形を封じ込めることにより、宗教空間においては信仰心、社交空間においては華麗さやきらびやかさ、権力空間においては威厳さを抱かせる装飾として用いられた。現代において新たな素材を刻むことが可能となり、刻む手法は汎用性と幅を獲得し広く利用される手法となった（⑭〜⑯）。

61

6 掘る・刻む　地下空間をつくる

●──地下空間は地上によりその存在を知ることができない（①〜⑤）。古くは、外敵から身を守る空間として平地や山間部に地下空間をつくり、ひっそりと暮らす手法として用いられた。都市においては、水道や貯水槽などのインフラを地下につくった。その役割を終えた地下空間は、現代の空間から切り離された独特の空間で、いにしえの時代を想像させる空間として十分な魅力をもつ（⑪）。現代において景観に配慮することが求められる建物では、地下に空間をつくることによりその存在を消す一方で、神秘性や空想性を抱かせる（⑥〜⑧）。それらの地下空間は、地下空間と地上空間を有機的につなげることによって、魅力ある空間を創

掘り下げる　横に掘る　刻む・切り取る　**地下空間をつくる**

①〜⑤地中美術館(香川)　⑥⑦平等院宝物館(宇治市)国宝平等院鳳凰堂に隣接する敷地で、景観に配慮するため地下に建設された指定博物館。展示室の大半を地下に埋めて、平等院境内の景観に配慮した計画。⑧首都圏外郭放水路(埼玉)治水施設。コンクリート柱が59本林立する地下水槽。⑨⑩大谷石地下採掘場跡(栃木)70年間掘り出してできた巨大な地下空間。F.L.ライトの旧帝国ホテルに使用されたことで有名。⑪イェレバタン・サルヌジュ(トルコ)コリント様式の柱が建ち並ぶ、6世紀ビザンチン時代の貯水池。柱下のメデュウサの首が神秘性を増す。

造している。暗闇に閉ざされた地下空間に外光を取り入れ、その差し込む光は静寂な地下空間へ人々を無意識に誘導する。また、闇の地下空間から抜け突如現れる悠然たる景色は、人々に強烈なインパクト与える。地下空間では、地上とをつなげるさまざまな光の取入れ方の手法により、空間が劇的に変化する。一方、建築空間の目的を有せず、偶発的に生まれた巨大な地下空間が存在する。地下に眠る資源を採取したあとのヴォイドな空間である。その見慣れない巨大な空間は迫力があり、美術館や劇場として利用される空間の魅力がある(⑨⑩)。景観や環境への配慮や緑地化が求められる現代社会において、地下空間の有用性は高い。

7 並べる　均等に並べる

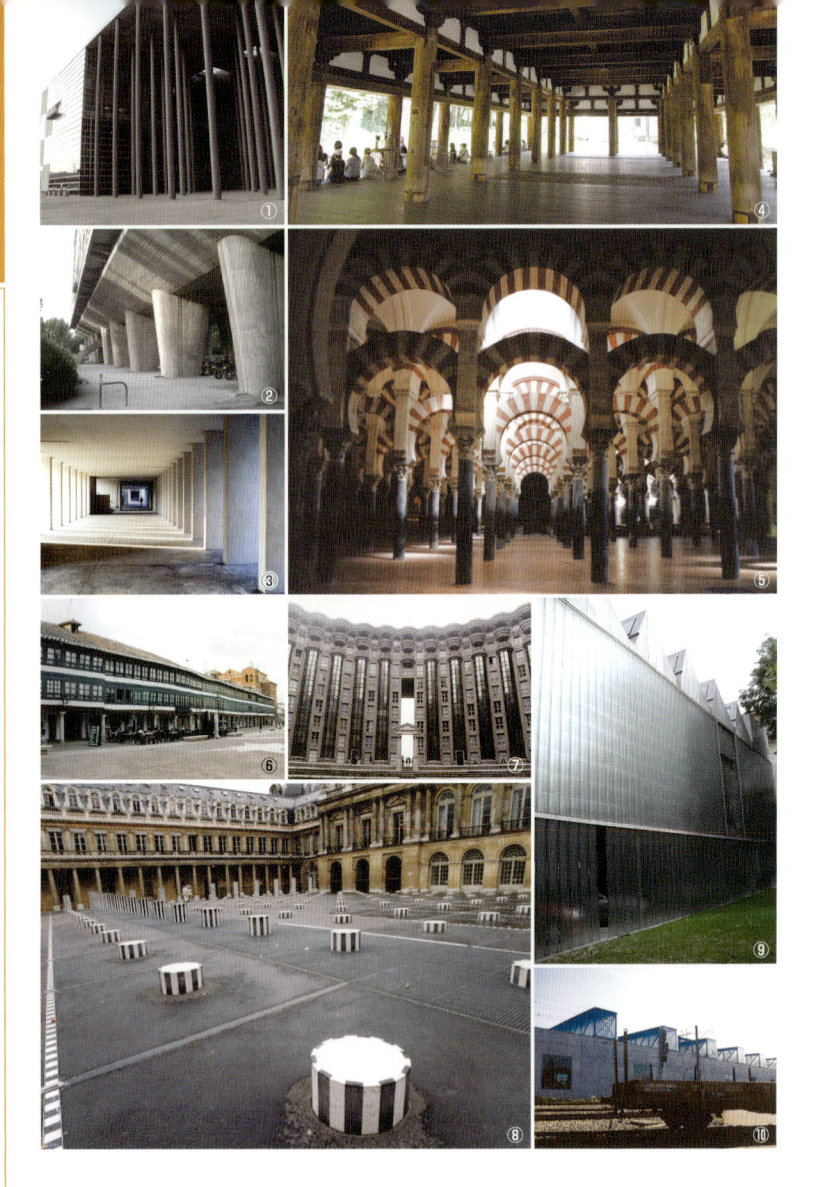

●──建築や都市空間を構成する要素を一定の間隔で並べる、すなわち均等に並べる手法には、柱や壁といった部位部材を並べる場合と、ボリュームをもった空間を並べる場合がある。

前者の場合は、連続する空間を構成する。それは、並べることにより均質な空間がつくり出されたり、方向性を示す細長い空間であったりする（①〜⑤）。また、それらが並んだ様態は統一されたデザインの建築物となる（⑥⑦）。

一方後者、空間を並べる場合は、内部機能の分節が形となって現れたものや、その配置間隔・距離を重んじたものがある（⑪〜⑬）。均等に並んだ建築物の間の空

均等に並べる　リズムをつくる　集中させて並べる・分散して並べる　秩序をつくる

①岡山西警察署　林立する柱によってエントランス空間がつくり出されている。②ユニテ・ダビタシオン（マルセイユ）③ガララテーゼ集合住宅（ミラノ）④熊野神社長床（喜多方市）⑤メスキータ（スペイン）⑥アルマグロのマヨール広場（スペイン）⑦アブラクサス（フランス）⑧パレ・ロワイヤル内の広場（パリ）⑨ヴィンタートゥーア美術館増築（スイス）⑩バーゼル機関車車庫（スイス）⑪アンドレ・シトロエン公園（パリ）⑫ラ・ヴィレット公園の赤いフォリー（パリ）等間隔に配置された「点」（フォリー）。⑬ラ・ヴィレット公園コンペ案（パリ）⑭ボルネオ・ハウス（アムステルダム）

間が重要な意味をもつ配置もある。また、個々のデザインは異なるものでもボリュームが同じであれば、均等に並んだ統一感が出せる場合がある。街並みのデザインは、建物の間口や高さがそろえられれば、個々のデザインが異なっていても統一感がある（⑭）。

しかし、これらは明確に区別されるものではない。空間を並べた場合も、建築の外皮としては部位を並べたことになる。いずれの場合も、均等に並べることで空間に秩序を与え、その領域を示す。一つのまとまりある他とは異なる空間という認識をもたらすのである。

7 並べる
リズムをつくる

● ──リズムをつくることは、見る人の感覚を場所に引き込む、シンプルで力強い技である。リズムをつくることで、視覚的には空間にまとまり感が与えられる。また、リズムは時間的な現象である。一篇の音楽のように、空間に時間的な流れを与える。建築が示す視覚的なリズムも、視線の移動や歩行などの移動行為により、リズム感のあるシークエンスとして時間的な繰り返しと変化を体感させる。空間のリズムは、見回す、歩くなどの動作によって浮揚感のある体験に変換される。さながら空間とダンスを踊るように、人は建築のモチーフと自分とのリズミカルに変化する位置関係を楽しみながら、空間の継続と変化を楽しむことができる。

均等に並べる　リズムをつくる　集中させて並べる・分散して並べる　秩序をつくる

①100戸の老人用集合住宅（アムステルダム）ベランダの張り出しと微妙な配置のずれ、色彩によるリズム。②ボン・ジェズス教会（ポルトガル）折り畳むリズム。③アルバカーキの民家（アメリカ）④ティバウー文化センター（ニューカレドニア）領域にリズムを生み出す建物の配置。⑤台北101　天に伸びるリズム。⑥ミレニアムドーム（ロンドン）放射状に張り出す梁。⑦カナダ文明博物館（オタワ）波打つ庇。⑧⑨ザッカリアス広場（チェコ）旧マルクト広場。広場を縁取るリズム。近似したデザインのファサードが連なる。

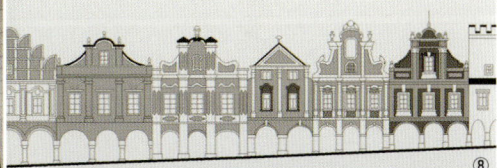

リズムをつくる手法には、一つの建築の中で部分が繰り返すもの（①⑤〜⑦）、建築周囲のモチーフが誘導的に繰り返すもの（②③）、建築そのものが繰り返され街区として統一感をもたらすものがある（④⑨）。

視線の誘導方向は、奥に誘導するもの（②③⑨）、上に向かうように仕向けるもの（⑤）、進行方向に向かうもの（⑨）、移動により波打つように庇の位置が体感されるもの（⑦）等がある。まったく同じものの繰り返しは、認知上飽きを早く招き、人の注意を低下させる。モチーフの微細な差異とリズムによる繰り返しは、空間を飽きさせずに体験させる優れた工夫である。

7 並べる

集中させて並べる・分散して並べる

● ——都市において、何らかの条件によって建築物が集中した、または集中させた事例は、あるまとまりをもつ塊としてとらえられる。自然の地形を利用して築かれた都市（①③）、集合住宅も住戸が集中し成り立っている（⑤〜⑦）。その密集の具合をそのまま建築表皮のデザインに用いる例も複数見られる。またデザイン的に要素を集中させた表現をとっているものもある（②④⑥）。それらは結果として、統一した街並みやデザインをつくり出す効果となっている。ただし厳密に言えば、意識的に集中させてできあがった造形と、自然発生的に群を成しているものとは区別しなければならない。集合は集まっている仕組みも含む言い方である。

均等に並べる　リズムをつくる　集中させて並べる・分散して並べる　秩序をつくる

①マテーラの洞窟住居(イタリア)　②プレオブラジェンスカヤ聖堂(ロシア)　③ピティリアーノの山岳都市(イタリア)　④アルベロベッロのトゥルッリ(イタリア)　⑤ユニテ・ダビタシオン(マルセイユ)　⑥ウォールデン7(バルセロナ)　⑦集合住宅(デンマーク)　⑧アナワク高原にあるインディオの離散型集落(メキシコ)　⑨バウムシューレンヴェグ・クレマトリウム(ベルリン)　⑩ジャンタル・マンタル(インド)　⑪金沢21世紀美術館　⑫建外SOHO(北京)　⑬竜安寺石庭(京都市)　⑭パタンのダルバール広場(ネパール)　⑮同：平面図

　一方、分散させるという手法は、間隔を空けて物を置くことによって、それらの間に生じるスペースも意識させることができる(⑧〜⑮)。単体であれば一つの点にすぎないが、二つ並べばそれらを結ぶ見えない線が生じる。そして置かれた物の形状と距離によって広がりのある空間として意識される。このように、配置された物とその周りのスペースは図と地の関係であり、私たちは図となる建築物をつくり、配置することによって、実は地となるスペースをつくり出していることになる。近年、都市スケールにおいても個別の建築物のスケールにおいても、このような手法は着目されている。

7 並べる　秩序をつくる

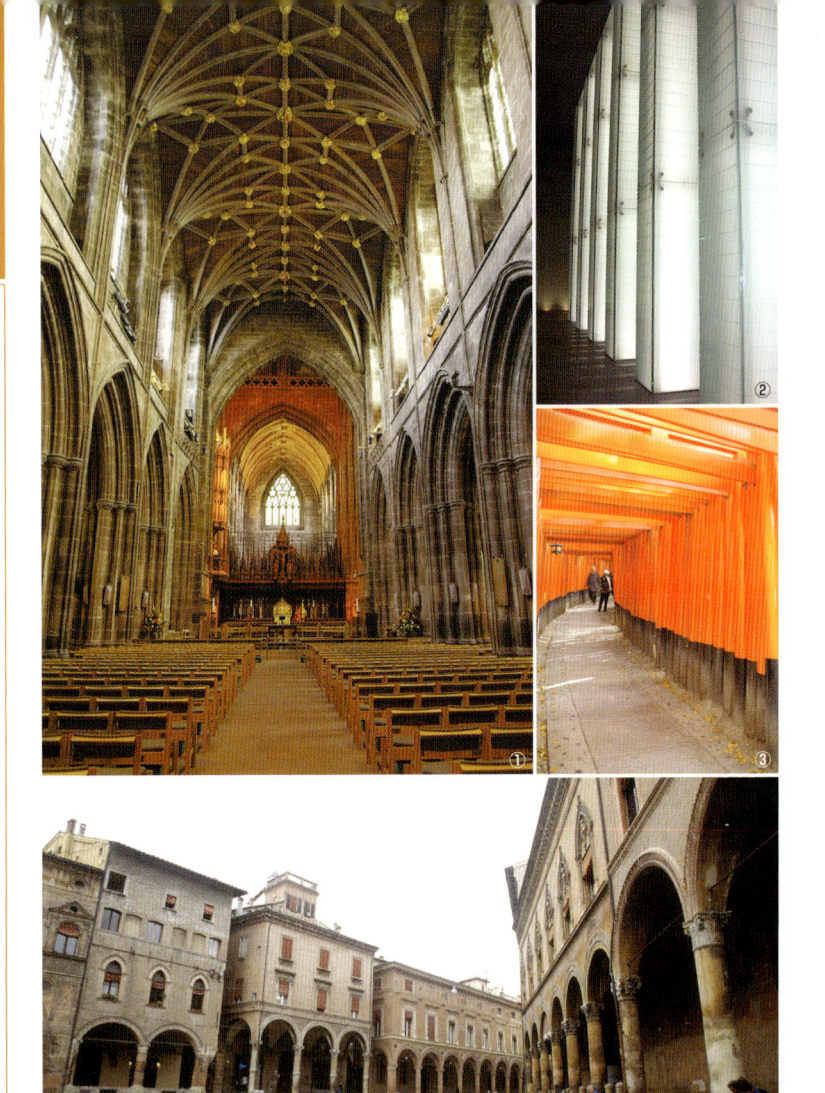

●──並べるという言葉には、複数のものを一定の形であるものの上に置くという意味がある。敷地という形の上に建築物を置くとき、何らかの規則が作用することによって秩序が生まれる。
直線的な規則によって並べられた空間は、複数のレイヤーを並べるかのように平行した関係を保つものや、奥行あるいは方向性から軸線をつくるもの、またヒエラルキーを示す段階的な空間を生み出すものなどがある（①〜④）。垂直方向に並べれば上昇志向を思わせる（⑨）。周囲を囲むように並べることで求心的に意識を中心へ向かわせるもの、反対に中心部から放射状に意識を表すものなどがある（⑤⑥）。

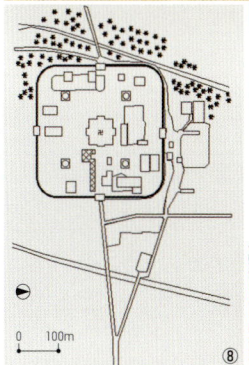

均等に並べる　リズムをつくる　集中させて並べる・分散して並べる　**秩序をつくる**

①チェスター大聖堂（イギリス）聖堂の奥へ向かってより神聖な空間に導かれる。②国立長崎原爆死没者追悼平和祈念館　光の列柱が原爆落下中心地方向を示す。③伏見稲荷大社の連続鳥居（京都市）④サント・ステファノ広場（ボローニャ）⑤ロイヤル・クレッセント（イギリス）三日月型の連続住居が空間を形づくる。⑥サン・ピエトロ広場（バチカン市国）⑦サムイェ寺（チベット）建物の配置が仏教の説く宇宙構造を模したマンダラになっている。⑧同：平面図　⑨ニャタポラ寺院（ネパール）基壇に並ぶ神々は、上段にいくほど強い力をもつ。基壇と屋根の並びが視線を上へと向かわせる。

一方、こうした図形的な規則の他に、秩序には宗教や思想などの概念的な規則によって導かれる面もある（⑦⑧）。風水や家相はその一例である。概念的な規則による秩序は、連続する形態としては現れにくいものもある。

8 整える　幾何学で整える

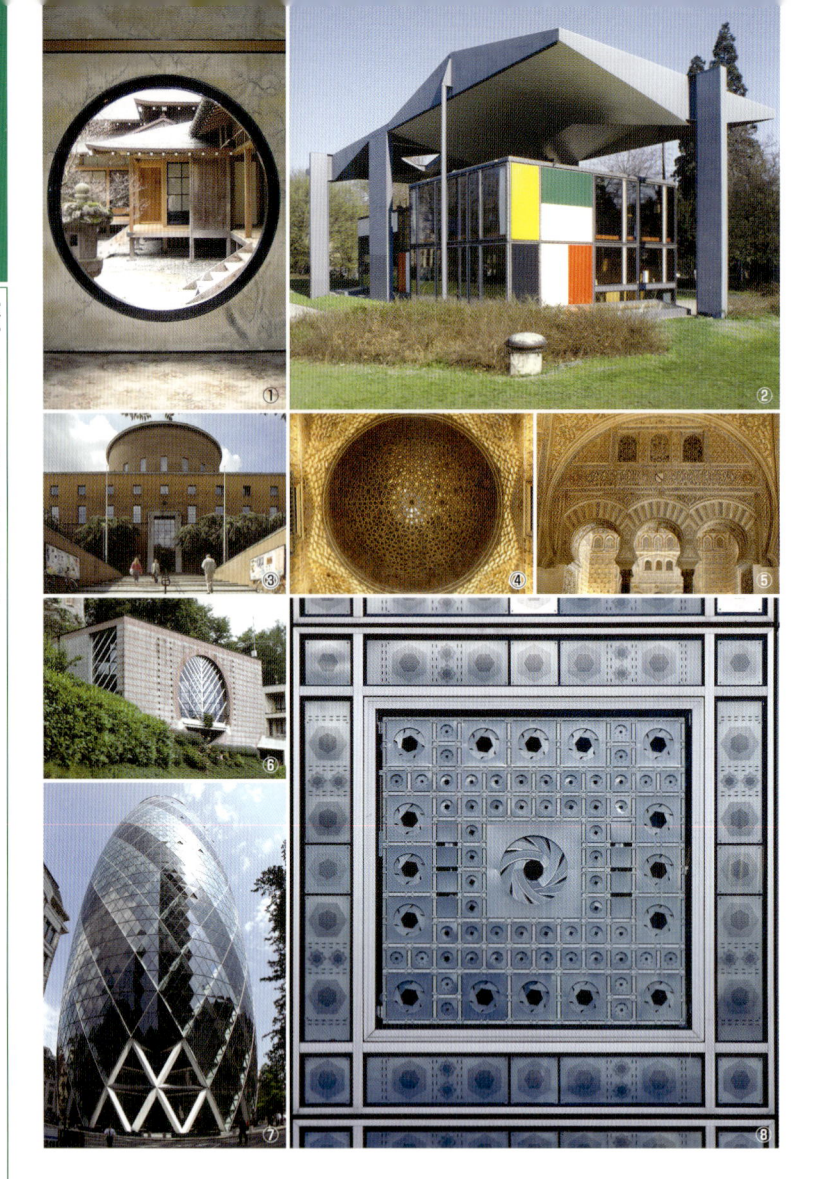

●――幾何学的な形態の中でも、円・三角・四角といった極めて初源的な形態によって装飾や部位、あるいは、全体が構成されている建築は非常に多く見られる。その形態に元来備わる美しさや秩序、さらに、明快に識別され知覚されうる特性のために、初源的な幾何学形態は建築を構成する要素の中に古くから自然な形で組み込まれてきた。
開口部や天井、壁面などの細部に幾何学を採用することで、建築がある秩序にしたがい構成されていることを意識させ、普遍的な安定性と象徴的な意味を建築に付加させることができる（①〜⑧）。

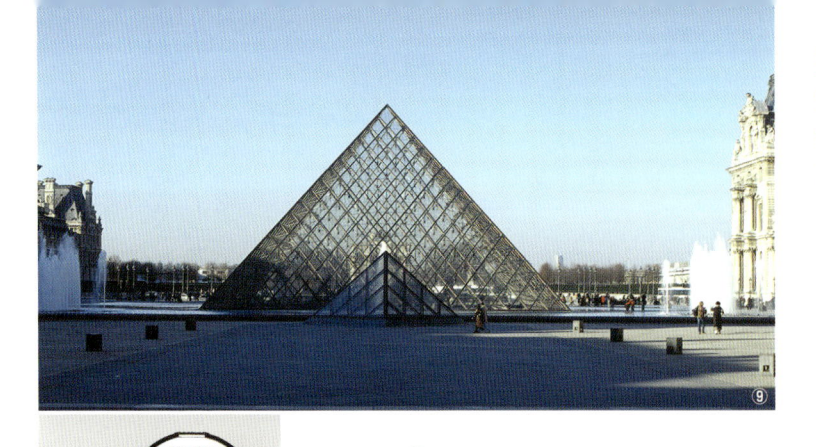

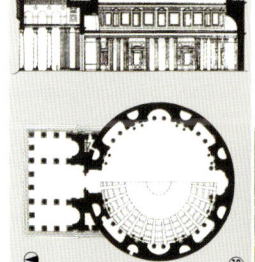

幾何学で整える　比例・比率で整える　軸線を通す　シンメトリーにする　グリッドでつくる

①日光田母沢御用邸（栃木）　②ル・コルビュジエ・センター（チューリッヒ）　③ストックホルム市立図書館　④⑤アルカサル（セビリア）　⑥ロッビアーニ・ハウス（スイス）　⑦30セント・メリー・アクス（ロンドン）　⑧アラブ世界研究所（パリ）壁面にはアラブの幾何学模様を想起させる大小の窓が並んでいる。これらの窓は太陽光線の強さに応じて開閉するよう自動制御されている。⑨ルーブル美術館・ガラスのピラミッド（パリ）　⑩⑪パンテオン（ローマ）高さと直径が一致する円堂は古代ローマ人の優れた技術力を誇示している。⑫ブラーク／オールド・ハーバー開発計画（ロッテルダム）

　また、幾何学を建築全体の構成に用いれば、自立性と完結性を獲得させることも可能となる（⑨）。さらに、平面や断面に幾何学を用いれば、求心性や抽象性のある外観や内部空間を構築することができる（⑩⑪）。
　近年、建築における初源的な幾何学形態の意味を再解釈しようとする試みがなされている。例えば、高度な建築技術とデザイン手法を用いて構築した幾何学形態を既存の建築と対峙させた例がある（⑨）。また、個々の建築ボリュームは初源的な形態であっても、それを傾け連続して配置することで、その形態自身に備わる性質や特性について再認識させようとする例がある（⑫）。

8 整える

比例・比率で整える

①パルテノン神殿(アテネ) ②コロッセオ(ローマ) ③オリュムピエイオンのコリント式オーダー柱頭部(アテネ) ④ヴィラ・カプラ(イタリア) ⑤クフ王のピラミッド(エジプト) ⑥ピサ寺院洗礼堂(イタリア) ⑦サンタ・マリア・ノヴェッラ教会(フィレンツェ) ⑧シュタイン邸(フランス) ⑨ユニテ・ダビタシオン(マルセイユ) 全337戸からなるこの集合住宅では、平面・立面・断面のすべてにモデュロールが用いられており、モデュロールの考え方が最も明快に具現化された建築と言われている。⑩ジン・マオ・タワー(上海) ⑪法隆寺五重塔(奈良) ⑫『匠明』の木割り

●——比例・比率は、古来より洋の東西を問わず建築の美しさを左右する基準の一つと考えられてきた。美しく整った建築をつくるために、建築要素の形態は比例・比率の関係に基づき構成されてきた。具体的な比例・比率の体系はさまざまであるが、特に人体や植物など、自然界に存在する比例・比率関係がその起源となっている例は少なくない。ルネサンス時代には、古代ギリシャ・ローマ時代の建築(①～③)に関する研究を基礎として、人体寸法に美の根源と整数比の関係を見出した。すなわち、比例こそが美と調和を創造するための基本原理であると考えられた(④⑥⑦)。西洋を中心とした地域では、古くから最も調和の取れた比率として黄金

幾何学で整える **比例・比率で整える** 軸線を通す　シンメトリーにする　グリッドでつくる

比（1：（1+√5）/2）が用いられてきた（⑤）。黄金比も自然界に多く見られる比率の一つである。また、ル・コルビュジエは人体寸法を基準として黄金比をもとにモデュロールを構成し、建築の空間構成に積極的に応用している（⑧⑨）。

日本建築においても、比例に基づく寸法体系により建物を構成する「木割り」と呼ばれる手法がある（⑫）。また、建築全体のプロポーションに1：√2の比例が用いられている例もある（⑪）。現代では、比例関係を用いて建築の意匠を整えることは少なくなった。しかし、超高層ビルなど秩序だった形態が必然的に求められるような場合には、比例・比率はそのデザイン手法の一つとなり得る（⑩）。

8 整える　軸線を通す

● ──「軸線を通す」ことにより、左右の対称性や関係性を強調し、空間に連続性を生み出し、視線に方向性を与えることができる。軸線上に建物や記念碑を設置すれば、人々の視線を集中させ、シンボルとして際立たせることができる（②③⑤）。歴史的には、神の威厳や統治者の権力を誇示するための手法として多く利用されてきた（⑥⑦⑨）。また、都市空間における軸線は、ヴィジビリティやレジビリティとも密接に関係している（⑤）。軸線は単に物理空間としての動線を形成するだけでなく、一直線に無限遠まで伸びるイマジナリーな軸をも形成するための効果的な手法である（①〜③⑧）。

幾何学で整える　比例・比率で整える　**軸線を通す**　シンメトリーにする　グリッドでつくる

①サン・ピエトロ広場（バチカン市国）②③広島平和記念公園　④品川インターシティのセントラルガーデン（東京）⑤シャンゼリゼ（パリ）⑥鶴岡八幡宮参道（鎌倉市）⑦紫禁城（北京）⑧ヴェルサイユ宮殿の庭園　⑨カンタベリー大聖堂（イギリス）⑩天壇（北京）

中国や日本の古代都市においては、軸線は風水思想に則り南北に設置される（⑦）。一方、西欧の教会建築では太陽の軌道に則り軸線は東西に設置される（①⑨）。このように、軸線の方向は方位と関係している場合が多い。
現代では、個々の個性的な建築やそれらが織りなす複雑な都市空間に一体感をもたせるための手法として、軸線が用いられることがある（④）。色も形もボリュームも種々雑多な建築群であっても、軸線沿いに配置することにより、一つの空間秩序の中に位置づけることができ、それぞれの建築を軸線空間の個性的な構成要素とすることができる（⑤）。

8 整える ― シンメトリーにする

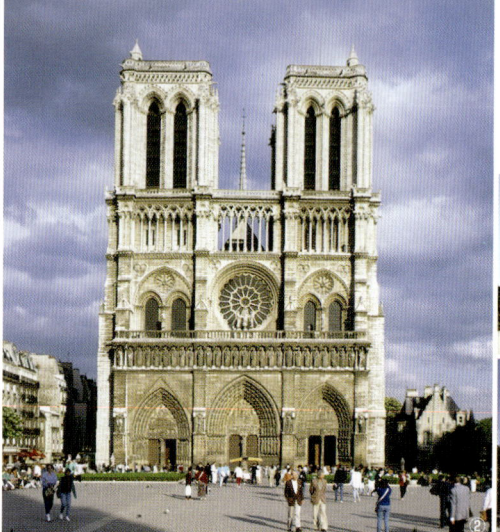

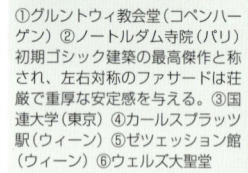

①グルントウィ教会堂（コペンハーゲン）②ノートルダム寺院（パリ）初期ゴシック建築の最高傑作と称され、左右対称のファサードは荘厳で重厚な安定感を与える。③国連大学（東京）④カールスプラッツ駅（ウィーン）⑤ゼツェッション館（ウィーン）⑥ウェルズ大聖堂

●――シンメトリーとは、左右対称であることを意味する。ほとんどすべての動物や植物の形態に見出すことができる、自然界に備わる基本的秩序の一つである。建築をシンメトリーに構成すれば、空間の秩序を統一して釣り合いのとれた美しさと安定感を与えることができる。そのため、建築物を整える手法の一つとして、古代から現代に至るまでさまざまな建築物に利用されてきた。特に、荘厳で重厚なイメージを与えることから、象徴性の高い公共建築や宗教建築に多用されてきた（①②⑥⑦）。また、近世ヨーロッパの貴族たちは、その財力を尽くし、シンメトリックな巨大宮殿を数多く建設した（⑧）。建築物の大きさに加えて、シンメト

幾何学で整える　比例・比率で整える　軸線を通す　**シンメトリーにする**　グリッドでつくる

⑦グリニッジ海軍廃兵院(ロンドン)
⑧ベルヴェデーレ宮殿(ウィーン)
⑨⑩自由学園明日館(東京)　⑪東京駅　⑫テート・モダン(ロンドン)旧火力発電所を改修した現代美術館であり、中央の煙突がシンメトリーの中心軸となっている。⑬平等院鳳凰堂(宇治市)

リーに空間を構成することで崇高さや偉大さ、そして威厳を誇示したのである。シンメトリーな建築は、中央の部分が主調となって全体を統一しているものが多い(③〜⑤)。この形式をとれば象徴性は一層高まり、微動だにしない安定感と存在感を与えることができる。中央の部分から両翼を広げ、美しいバランスを追求した建築物も多く存在する(⑨〜⑬)。シンメトリーはルネサンス期頃までは絶対視され、日本においても奈良・平安時代には重要な造形手法として位置づけられていた。極楽浄土を表現するために、シンメトリーな阿弥陀堂を池の中心に配置し、聖なる空間を創造した例もある(⑬)。

79

8 整える　グリッドでつくる

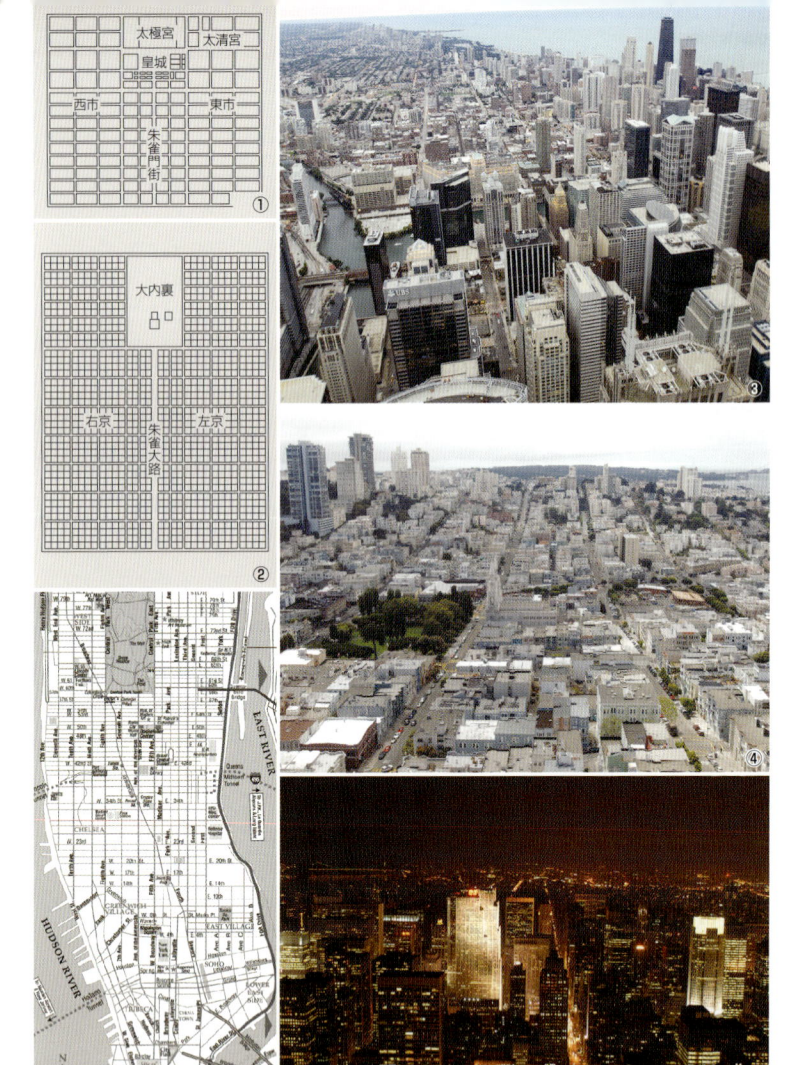

●——グリッド状の街区で構成された都市は数多く存在する。どこまでも広がる壮大な空間であっても、その単純で規則的な構造は、都市空間の理解を容易なものとする。また、グリッド都市における空間移動の効率性は非常に優れている。近代や現代においては、人や物資の空間移動における効率性が追求され、おもに合理性に基づく設計思想のもとにグリッド都市が建設された（③〜⑧）。

しかし、グリッド都市とする理由は、必ずしも機能的な要請だけに基づいてはいない。古代都市の中には、都市の恒久的な繁栄を願い、四神相応をはじめとする理想都市思想に基づいて建設された都市がある（①②）。巨大なスケールでありな

幾何学で整える　比例・比率で整える　軸線を通す　シンメトリーにする　**グリッドでつくる**

①長安城（中国）②平安京（京都）③シカゴ ④サンフランシスコ ⑤⑥マンハッタン　⑦⑧バルセロナ ⑨⑩ラ・ヴィレット公園（パリ）赤い小さな建築物（フォリー）が120m間隔の空間格子点上に配置されている。⑪淡路夢舞台百段苑（兵庫）⑫ヴェルシー公園（パリ）

がらも、短期間で図面どおりに建設されたグリッド都市は、高度な土木技術と知的水準の高さを物語っている。
一方、ランドスケープにグリッドを導入することで、自然と人工との新しい調和を実現することもできる（⑫）。また、複数の建築をグリッドに沿って配置させ、面的に展開することで、それぞれ単独に存在する建築を一つの空間に帰属させることが可能となる（⑨⑩）。さらに、グリッドによる無機質で端正な空間は、神聖な空間と良好に調和するため、慰霊空間に採用される場合もある（⑪）。グリッドの背景には多様な意図や思想が隠されており、その効果も多様である。

9 区切る

壁で区切る

◉──「区切る」は、無限定な空間を限定し特定の場所・領域をつくり出す手法である。空間を秩序立てる方法として古今東西に共通する普遍的手法であるが、具体的な区切り方は、時代と技術、風土と価値観等、生活・文化の影響を強く受ける（①〜③）。

「壁で区切る」は、区切る手法の機能と意味を最も典型的に示す方法である。壁は防御の機能をもつだけでなく、色彩やテクスチャー等により空間がもつ象徴的意味を表現する。壁の高さや幅、使用される材料や厚さによっても身体感覚や知覚に作用し、影響を与える。これらは身体から都市に至るさまざまなスケール・形

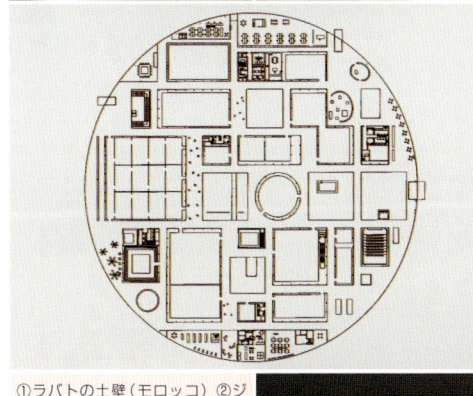

壁で区切る　幅で区切る　レベル差で区切る　装置・記号で区切る　曖昧に区切る

①ラバトの土壁（モロッコ）②ジャンタル・マンタルの壁（インド）③ヘネラリフェの緑壁（スペイン）④オアハカ路地の赤壁（メキシコ）⑤シャウエンの青い壁（モロッコ）⑥アルンハイム・パビリオンの壁　⑦シャルル・ド・ゴール国際空港の壁（パリ）⑧D-HOTEL OSAKAの外壁（大阪）⑨GALLERIA［akka］の内壁（大阪）⑩金沢21世紀美術館　外と内および展示空間の区画　⑪同：中庭と展示場（右）の区画　⑫同：全景　⑬同：平面図　円形と方形の区画　⑭同：プールのある中庭の区画　⑮同：スイミング・プール　⑯コムデギャルソンの壁（東京）

態に共通した特徴である（④～⑥）。
近代建築的手法ではコンクリートやガラスの壁がシンプルに用いられ、その表現は材料がもつ特性を直截に表現する方法が少なくない（⑦～⑨）。
現代建築でもこの手法の特性は受け継がれているが、技術の進展に支えられ、より軽く薄くフラットにデザインする指向性が見られる。金沢21世紀美術館はその典型事例の一つであろう（⑩～⑮）。また、色彩や記号的文様等で表層を操作し、斜めや曲線の壁を用いるなど、身体感覚に働きかけるデリケートな区切り方にデザイン手法上の特徴がある（⑯）。

9 区切る

幅で区切る

●——極楽浄土を現出する平等院、浄瑠璃寺、金閣寺には建物前に広い池が設けられ、現世と来世を仕切っている。建築と訪問者の間に池を介在させる手法は現代建築家・谷口吉生が好んで使うもので、土門拳記念館、法隆寺宝物館が好例である（①～③⑦）。また、福岡ネクサスワールドの集合住宅「スティーブン・ホール棟」も住棟間を池で仕切り、心地よい間隙を生んでいる（④～⑥）。水の仕切りといえば、岡山県後楽園の部屋の中央を水が流れる流店の空間が圧巻である。暑い夏、向かい合う床に座って流れる水に足を浸すことができる（⑧）。神社建築の大崎八幡宮は本殿と拝殿を別棟で建て、その間を石の間で連結した権現造である。石の間は神と人間

壁で区切る　**幅で区切る**　レベル差で区切る　装置・記号で区切る　曖昧に区切る

①東京国立博物館・法隆寺宝物館の水盤　②土門拳記念館（山形）中庭の白鳥池　③同：上空から見下ろす。④福岡ネクサスワールドのスティーブン・ホール棟　⑤同：住棟間　⑥同：仕切りの池　⑦浄瑠璃寺（京都市）浄土の池　⑧後楽園流店（岡山）流れる水の仕切り　⑨演慶堂（ヨンギョンダン）（ソウル）⑩ヒルベルザイマーの高層都市計画　⑪金オッキル記念館（ソウル）内観　⑫同：外観　⑬大崎八幡宮（仙台市）外観　⑭同：平面図　⑮横浜トリエンナーレ2005「海辺の16,150の光彩」⑯コールハースのラ・ヴィレット公園入選案（パリ）⑰伏見稲荷大社の連続鳥居（京都市）

をつなぎつつ分けている（⑬⑭）。韓国・ソウルの金オッキル記念館は、均質な内部空間がコンクリートの帯柱とガラスのストライプで交互に仕切られている（⑪⑫）。同じくソウルの昌徳宮秘苑内にある演慶堂の内棟の続き間は、仕上げの異なるオンドル間と板の間が交互に配置された輪切りの空間である（⑨）。

近代の集合住宅団地は、一定の日照時間を確保するように生まれた一律の隣棟間配置によって外部空間を仕切っている。また、横浜トリエンナーレのアプローチ空間は、宙に浮く旗が一定の間隔で外部空間を仕切っていく（⑮）。敷地全体をゼブラ状の機能の帯で仕分けてみせたのが、コールハースのラ・ヴィレット公園入選案である（⑯）。

85

9 区切る　レベル差で区切る

●――急な階段ピラミッドによって昇華を壮大に表現するのがメキシコの古代マヤ文明であり、逆に深い井戸によって地下への下降を示すのが西インドのステップウェルである。いずれも階段のレベル差によって人と神を区別し、俗から聖へ昇華させる（①〜⑤）。吉備津神社も伝統建築の中で最もレベル差を多くもつものの一つで、本殿に拝殿を加えると十に近いレベル差で俗と聖が段階的に区切られている（⑨⑩）。

徳川将軍の京都別館として建てられた二条城二の丸御殿・大広間（⑥⑦）や、西本願寺書院対面所は、広い連続する床面に段差を設けて上・下段の間をつくり、身

86

壁で区切る　幅で区切る　**レベル差で区切る**　装置・記号で区切る　曖昧に区切る

①ティカル(グアテマラ) ②ステップウェル(インド) ③パシュパティナート(ネパール) ④⑤クンダ(インド) ⑥二条城二の丸御殿・大広間(京都) わずかなレベル差が制度を表現する。⑦同：断面パース ⑧孫氏貴族住宅(韓国) ⑨吉備津神社(岡山) 本殿・拝殿断面図 ⑩同：本殿・拝殿平面図 ⑪旧日向邸(熱海市) レベル差が空間を豊かに演出する。⑫ドミノシステム　浮遊するスラブ。⑬上空から見た新宿駅西口広場 ⑭ファンズワース邸(アメリカ) 2枚の水平床板。⑮House of "Cloud" 積層する板。多層の板が多義的なアクティビティを誘発する。

分的な階層性を生み出している。韓国の孫氏貴族住宅では、レベル差が外部空間にまで連続していく(⑧)。レベル差をもつ空間の位相性を現代建築にうまく生かしたのが、タウトの旧日向邸のインテリアである(⑪)。

人と車の動線を上下のレベル差を利用して明快に車歩道分離しているのが新宿西口広場であり、純粋な機能の仕切りである(⑬)。また、ミースのファンズワース邸は2枚の水平床板が大地を切り離し(⑭)、コルビュジエのドミノシステムは浮遊するスラブが空中を水平に仕切っている(⑫)。そして、藤本荘介の螺旋状に積層する無数の段板は行為を誘発する(⑮)。

9 区切る

装置・記号で区切る

●——装置・記号で区切る手法は、性格が少し異なる二つからなる。可動の障子・襖・扉・建具などの装置や、仕切りに使われる可動の屏風・衝立などの障屏具、家具・調度などによって区切る場合と、記号によって区切る場合が含まれている。「ハレ」の儀式の日に、寝殿造の寝殿の身舎や廂に御簾・屏風・几帳・障子・畳など障屏具を飾り整える「室礼」は、障屏具利用の典型的例である（①～③）。夏に風通しをよくするために用いる簾戸・簾・暖簾や京都の町家などでよく見られる格子戸などが装置の例である（④～⑨）。装置や家具により空間の境界を曖昧にした作例としてシュレーダー邸があるが、この2階は、昼間は広いワンルームとして、夜は

壁で区切る　幅で区切る　レベル差で区切る　**装置・記号で区切る**　曖昧に区切る

①寝殿造の室礼（類従雑要抄指図巻）②春日若宮細殿・神楽殿内部（奈良）寝殿造の内部を彷彿とさせる。③京都御所・清涼殿（京都市）天皇休息用の御帳台　④縄暖簾　⑤喜多家の簾（石川）⑥京町家の格子・簾⑦京町家の暖簾・簾　⑧郡山町家の千本格子（奈良）⑨法隆寺大講堂内部から見る（奈良）⑩シュレーダー邸（オランダ）2階リビング・ダイニングの天井には、可動間仕切りのためのレールが取り付けられている。⑪富弘美術館（群馬）⑫同：内部　⑬長寿寺本堂（滋賀）外障から内障境の結界を見る。⑭関守石　⑮諏訪大社御柱（長野）⑯地鎮祭注連縄で囲まれた祭壇。

可動間仕切りと家具によって複数の部屋へと変化する（⑩）。また、シャボン玉から発想した円形小部屋が集積するというコンセプトからなる富弘美術館もある（⑪⑫）。記号によって区切る手法の代表例は国境であろう、結界や関守石（留め石）もそれに類する。仏堂の内陣・外陣を区切る装置である本来の意味の結界（⑬）。茶庭の飛び石の岐路において、無言のうちに先に行ってはならないことを暗示する関守石（せきもりいし）（⑭）。また、御柱を四隅に立てて聖なる場所を設定する神社の神域（⑮）、注連縄（しめなわ）を巡らすことによって臨時の聖域をつくることもある（⑯）。なお、関守石は染め棕櫚縄（しゅろなわ）で十字に結んだ径10cmほどの五郎太石（ごろたいし）である。

9 区切る 曖昧に区切る

●——曖昧に区切る手法は、「緩やかにつなぐ」と表裏の関係にあるが、ここではあくまでも区切るという立場から見ていく。また、「装置・記号で区切る」とも近いが、この点については、可動の装置に対して固定された部位による点が異なる。柱や列柱、また壁柱によって空間を分節する場合（①〜③）、さらにパーゴラ・東屋様で籠状に気候・風土に配慮して柔らかく空間を区切る場合（④）がある。

中国の園林にしばしば見られる透かし間仕切りや漏窓（⑤⑥）、このような透影の例はレース状の透かし彫りを窓にはめ込むイスラム圏や日本の連子窓（⑦）などでも見られる。外部と内部との間に境界領域を介する場合、塀で囲まれた石庭と方丈の室

壁で区切る　幅で区切る　レベル差で区切る　装置・記号で区切る　**曖昧に区切る**

①唐招提寺・金堂前面の列柱（奈良）②東京都戦没者霊園　③春日大社・着到殿（奈良）④名護市庁舎（沖縄）⑤網師園の透かし間仕切り（中国）⑥留園の漏窓（中国）⑦法隆寺・回廊の連子窓（奈良）⑧東福寺・竜吟庵方丈の広縁（京都市）⑨大徳寺孤蓬庵・忘筌（京都市）⑩慈光院の借景（奈良）⑪キンベル美術館（アメリカ）⑫東福寺・通天橋（京都市）長い橋廊の中央に張り出しを設け、アクセントをつける。⑬丸亀市猪熊弦一郎現代美術館（香川）⑭上大沢の風除けの間垣（石川）⑮築地松（ういじまつ）（出雲）⑯開港広場（横浜市）⑰横浜港大さん橋国際客船ターミナル

内空間の間に置かれる広縁（⑧）や、額縁で切り取った風景を縁先の庭を近景に、その先の生垣・樹木で区切り中景とし、さらにその先に広がる景色を遠景とする借景の手法（⑨⑩）がある。また、エントランスに中間領域を設け、内外をつなぎつつ緩やかに区分する（⑪）。細長い形態を折り曲げたり途中にアクセントを設けて、スケールや空間を分節するベルリン・ユダヤ博物館や通天橋などの例もある（⑫⑬）。ランドスケープを植物など柔らかな素材で区切り風除けとする間垣・築地松（⑭⑮）や、内部空間と屋上広場とを緩やかな曲面スロープでつなぐ、自然地形のごとき場合（⑯⑰）にも、尾根筋や谷筋が曖昧に区切りながら場をつくる場合もある。

91

10 混ぜる

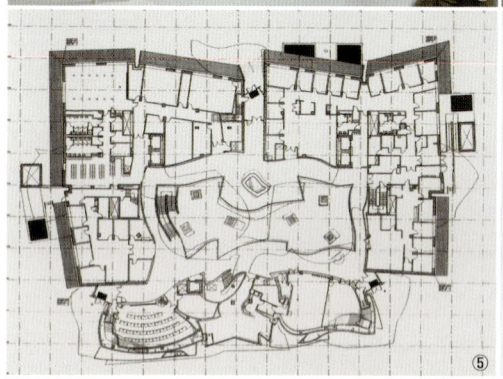

カオスを表現する

①〜④ウェザーヘッド経営大学院のピーター・ルイス棟(オハイオ) ⑤同：平面図 ⑥〜⑧クラウドゲート(シカゴ) 通称「ビーン」。⑨〜⑫イリノイ工科大学のキャンパスセンター(シカゴ) スロープと階段の混合(⑩)。ミースの顔(⑪)はアイコン(⑫)からなる。⑬ヒューストン子供美術館　人が動くとスクリーンが変化する。⑭ブルームバーグ アイス(東京) 触れることでスクリーンと音が随時変化する。⑮ラスベガスの夜景　⑯秋葉原の電気街(東京) ⑰横浜中華街

● ──「カオス」には、次の二種の意味がある。一つは混沌。もう一つは、初期条件によって以降の運動が一意に定まる系においても、初期条件のわずかな差が長時間後に大きな違いを生じ、実際上結果が予測できない現象。この二種を空間デザインという視点で大別すると、前者が静的にも混沌、後者が動的な変化を見せる演出、と解釈できる。

前者の静的にも混沌においては、計画されたものと無計画なものとがある。無計画な建築物の集積としては、結果的にできあがった街路空間が挙げられる(⑮〜⑰)。アノニマスで風土的な混交が見られ、同じ場所であっても昼夜では空間の表情が

カオスを表現する　まだらにする　複数のコードを使う　コラージュする　スタイルを混ぜる

まったく異なる。計画されたものとして、近年の建築技術の進展により、異質なものの組合せによる模型のような建築物さえ目にするようになった（①〜⑤⑨〜⑫）。空間の機能と形態の関連が乏しく、建設コストが膨大にかかるため、こういった建築を疑問視する声がある。その反面、奇抜な建築があるということで観光スポットにもなり得る。

後者の動的な変化を見せる演出としては、コンピュータプログラムによるもの（⑬⑭）、鏡で映し出すもの（⑥〜⑧）が挙げられる。人の動きや周辺のカオスの状況をリアルタイムに映し出す装置として機能するケースがある。

10 混ぜる

まだらにする

●──建築家は、建物単体を美しくつくるだけでなく、同時に周囲との関係をどのように築くかにも気を配ってきた。その際、建築物にあえて「まだら」の要素を付与すると、個々の建物の独自性を浮き立たせるだけでなく、周囲の環境や自然との調和に配慮しつつ、外部との新しい関係性を築くうえで効果が認められる。例えば、地域ごとに固有の素材や装飾模様、趣向、自然環境など独自性を表出する手段として、まだら模様が施される場合がある（①）。イタリア・トスカーナ地方に特徴的なゼブラ模様の建物は、この種の事例として有名で、風土環境にとけ込んでいる（②③）。また、まだら状に素材や形状を使い分け、表面の肌合いの違いを誇張

94

カオスを表現する　**まだらにする**　複数のコードを使う　コラージュする　スタイルを混ぜる

①ルッツォーブラッツの住宅（ベルリン）②③シエナ大聖堂（イタリア）④チレハウス（ハンブルク）⑤ナショナル・ネーデルランデンビル（プラハ）⑥まつもと市民芸術館・ファサードのコンセプトスケッチ　⑦贖罪礼拝堂（ベルリン）戦後、爆破された礼拝堂の礫を用いて壁を造作。⑧シュッツェン通りの住宅（ベルリン）⑨⑩GSW本社ビル（ベルリン）陽光量によって建物の表情が変化する。⑪100戸の老人用集合住宅（アムステルダム）⑫ユニテ・ダビタシオン（ベルリン）まだら状の配色。⑬大阪市環境事業局舞洲工場　⑭フンデルトヴァッサー・ハウス（ウィーン）

すると、建物の構造体を実際より重厚にも軽快にも見せることができる（④〜⑦）。同じまだら模様でも、人間の感情により強く作用するのは、色彩が巧みに用いられている場合である。ランダムな色の連なりは壁面に情感を与え、視覚的効果の高いデモンストレーションとなる。壁体そのものへの塗色ではなく、トーンの異なる色面パネルを用いてまだらを生み出す例もある（⑧〜⑩）。集合住居でこうした試みがなされる場合は、居住する人の個性を外部へと表出させる媒体にもなるだろう（⑪⑫）。また、自らの外殻に大胆な色彩的まだらをまとわせることで、「平滑で画一的な建築物に対する批判」というメッセージ性をこめることもある（⑬⑭）。

10 混ぜる 複数のコードを使う

●──建築や都市のデザインでは、都市の中での立地から、敷地内での配置、建物高さ、階構成、平面構成、立面構成、さらに素材や色まで、決まりごと（コード）がたくさんある。時代を経ても変わらないものもあるが、様式（スタイル）として時代により変わるものもある。新しいスタイルが急速に広がることもあれば、特有の地域性がコードとして色濃く表れることもある。一人の建築家に注目すると、通底するテイストのようなコードがある一方で、作風に変化が見られることもある。このようにコードは多様であるが、ひとまとまりのデザインとして質の高い場合には、基調となる一つのコードが一貫しているのが普通である。それに対し複数

①〜⑤大和文華館（奈良市）数寄屋建築の名手が設計した鉄筋コンクリート造の美術館。モチーフとなったなまこ壁の瓦に相当する部分は、小さなタイルである。目地だけを格子のように残し、奥が窓になっている部分もある。城郭のようにも見える。⑥東京国立博物館・法隆寺宝物館　深い軒下と格子という伝統的なモチーフが、ガラスと金属で現代的に表現されている。⑦〜⑨東福寺・方丈庭園（京都市）昭和13年に作庭されたモダンな日本庭園。⑩香川県庁舎　鉄筋コンクリートでつくられた、日本的モダニズムを代表する表現。

カオスを表現する　まだらにする　**複数のコードを使う**　コラージュする　スタイルを混ぜる

のコードを、しかも一般にはなじみにくいとされるコード群を、意識的に並行して用いたデザインもある。これは、ずいぶん難しいデザイン手法である。
特に日本は、相異なるコード群の取捨選択に敏感にならざるを得ない歴史を経ている。つまり、伝統的な建築という複雑に絡み合ったコード群が確立している一方で、鉄筋コンクリート造や鉄骨造などの新しい構造形式、モダニズムなどの新しいスタイルを次々と受け入れてきたのである（①〜⑩）。私たちの前には、多様なコード群がメニューのように用意されている。寄り掛かる権威がない現代では、それらのコード群に翻弄されるか、巧みに複数のコードを操るのか、設計者の力量が試される。

10 混ぜる

コラージュする

●——普通には並び置かれることのない要素を、さまざまに組み合わせて表現することがコラージュである。本来ありそうな文脈をはずされ、断片のように扱われた要素どうしが隣り合うことで刺激的な差異が生まれ、表現を活性化するのである。一方でコラージュとは、それら断片をゲーム的にただ併置することではなく、組み合わせ、まとめあげ、何らかのバランスをつくり出そうとすることでもある。断片をぶつけ合うという側面を強調すれば、何かを訴えようと声を上げているような、過剰な表現となる傾向がある（②）。ばらばらで納まりのつかないような難しい断片にも、バランスを与えるという側面を強調すれば、見事なほど技巧的な

①スパイラル（東京）さまざまなグリッドと幾何学的な形態がずれながらバランスをとっている。通りを見下ろす階段空間がファサードに動きを与えている。②湘南台文化センター（神奈川）多様な形態が集合し、ランドスケープのような建築が実現している。③本願寺飛雲閣（京都市）唐破風、寄棟、入母屋など、多様な屋根形態がバランスをとって集合した楼閣建築。④〜⑥夏の家（コエ・タロ）（フィンランド）中庭を囲む壁面にレンガやタイルで多様なパターンをつくり出している。

カオスを表現する　まだらにする　複数のコードを使う　**コラージュする**　スタイルを混ぜる

表現となる傾向がある（①③）。どちらにせよ、在来の技法に従うとか、芸術的直観に従うといった素朴さからは遠く隔たった、つくるための手法を強く意識した、知的でマニエリスム的と揶揄されることもある表現である。

しかし、断片がせめぎ合いバランスをつくることとは、暴力的に一元化することなく文化が成熟することそのものと言うこともできる。都市のあるべき姿を、コーリン・ロウらが「コラージュ・シティ」と名付けたのも、そのような側面に注目したからであった。

10 混ぜる

スタイルを混ぜる

◉──建築のスタイルを混ぜる際には、大きく分けて2つのケースがある。一つは複数の意匠を折衷し、それらのいずれでもない別のスタイルを生み出してしまう場合と、他方、各々のスタイルは維持しながらも相互貫入させたり並置させたりすることで、複数の異なる表情を一つの建築物に同居させている場合とがある。前者の場合では、和洋のスタイルをどのように融合させるかという課題に悩まされていたわが国の近代建築黎明期の事例がまずなじみ深い。外観は洋風あるいはイスラム風であるが、細部においては日本的な要素を取り入れたスタイル、あるいは鉄筋コンクリートの構造体であるものの、和風の意匠をもった屋根を冠した

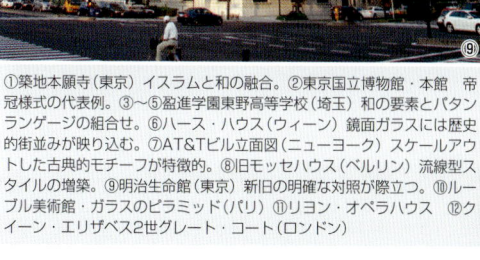

カオスを表現する　まだらにする　複数のコードを使う　コラージュする　**スタイルを混ぜる**

①築地本願寺（東京）イスラムと和の融合。②東京国立博物館・本館　帝冠様式の代表例。③〜⑤盈進学園東野高等学校（埼玉）和の要素とパタンランゲージの組合せ。⑥ハース・ハウス（ウィーン）鏡面ガラスには歴史的街並みが映り込む。⑦AT&Tビル立面図（ニューヨーク）スケールアウトした古典的モチーフが特徴的。⑧旧モッセハウス（ベルリン）流線型スタイルの増築。⑨明治生命館（東京）新旧の明確な対照が際立つ。⑩ルーブル美術館・ガラスのピラミッド（パリ）⑪リヨン・オペラハウス　⑫クイーン・エリザベス2世グレート・コート（ロンドン）

スタイルなどが試みられた（①②）。さらに、さまざまな造形モチーフが再編成された20世紀後期のポストモダン建築の中でも、こうした意匠の融合は盛んになされた（③〜⑦）。

後者の例には、相互に引き立て合い、それぞれのスタイルの個性を際立たせるという大胆な造作が多い（⑧）。

近年では、由緒ある建築物の保存・活用への関心が高まるにつれ、用いる素材などを差別化し、「歴史性−現代性」といったスタイルの対照性を生かしながら一体化させようとする事例が多く見受けられる（⑨〜⑫）。

11 つなぐ
動線でつなぐ

● ——移動する際、その道筋にはさまざまな出来事や空間体験が見え隠れしている。現代の都市・建築における動線計画は、おもに人の道筋を連続した空間のシークエンスへと置き換えること、また人やモノが移行する経路の効率化・機能化を図ること、この2つの特性が挙げられるだろう。前者では、動線計画を先行して導入することで空間の配置が連関的に構築され、移動の軌跡が視覚的に演出されていく（①〜④）。また、複数の直線や曲線的な動線を重層化させることによって、その間に生じる空隙を外構空間や建築空間として活用している事例も見受けられる（⑤〜⑨）。後者では、散在的に配置された室空間と動線の配置を関係づけることによ

動線でつなぐ　空中をつなぐ　分節してつなぐ　上下をつなぐ　緩やかにつなぐ

①〜④ヘルシンキ現代美術館　重量感のある塑性的素材を用いて、動線計画が空間とともに建築化されている。⑤埼玉県立大学の中庭動線　⑥⑦葛西臨海公園展望広場レストハウス（東京）⑧⑨新潟市民芸術文化会館　建物内外の動線回廊。⑩石の美術館（栃木）石のデッキ。⑪ARCUS（横浜市）⑫横浜港大さん橋国際客船ターミナル⑬⑭ルイジアナ美術館（デンマーク）中小の展示室をつなぐ回廊と平面図。⑮⑯国際情報科学芸術アカデミー・マルチメディア工房（岐阜）周囲の回廊。⑰カルタジローネの路地（イタリア）⑱リアルト橋（イタリア）

り、さまざまな距離を保つ各室空間が機能的に結び付けられていく（⑩〜⑯）。中世都市においては、街の鐘楼を起点として街路動線が形成され、それらの動線は人々の認知地図の重要な役割を担っている（⑰⑱）。

103

11 つなぐ

空中をつなぐ

● ──「空中をつなぐ」という視点で現代建築を俯瞰すると、そこからはテクノロジー、ユートピア、コンテクストという3つのキーワードがうかがえる。高層建築は、地震力や風荷重に対する構造上の安定性を備え、その高々とした都市様相は近未来の都市像を表徴していく（①〜⑤）。また、空中を隔てた2つの場をつなぐ空中通路は、各支点の構造的・環境的特性に応じて架構の連続性がデザインへと落とし込まれていく（⑥〜⑪）。この2点間を結ぶ線型の建築は、身体移動の軌跡が直接的に体現化されたものであると同時に、周辺環境のコンテクストを顕在化させるための装置といえるだろう。古代ローマ都市の幻想的想像図では、囚人に

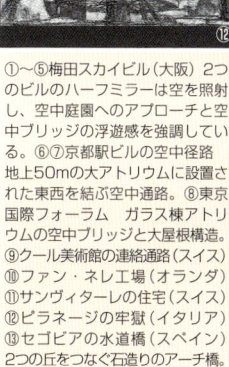

動線でつなぐ　**空中をつなぐ**　分節してつなぐ　上下をつなぐ　緩やかにつなぐ

①〜⑤梅田スカイビル(大阪) 2つのビルのハーフミラーは空を照射し、空中庭園へのアプローチと空中ブリッジの浮遊感を強調している。⑥⑦京都駅ビルの空中径路 地上50mの大アトリウムに設置された東西を結ぶ空中通路。⑧東京国際フォーラム　ガラス棟アトリウムの空中ブリッジと大屋根構造。⑨クール美術館の連絡通路(スイス) ⑩ファン・ネレ工場(オランダ) ⑪サンヴィターレの住宅(スイス) ⑫ピラネージの牢獄(イタリア) ⑬セゴビアの水道橋(スペイン) 2つの丘をつなぐ石造りのアーチ橋。⑭錦帯橋(山口) ⑮ミレニアムブリッジ(ロンドン) 歩道吊り橋。

無限の上昇ないし下降の反復運動を強いる、合わせ鏡の牢獄の世界観が描かれている(⑫)。分離した2つの場所を連結するブリッジは、人々が行き交う新たな交通手段であり、文化を架け渡す存在といえるだろう(⑬〜⑮)。

11 つなぐ 分節してつなぐ

① ② ③ ④ ⑤ ⑥ ⑦

● ——「分節してつなぐ」という手法は、空間的に連続して起こる事象や、ひと続きになっている空間構成を複数の部分によって構築すること、または、その部分の組成から全体を再構成する試みといえるだろう。これらの事例は周辺地域のコンテクストが配置計画に生かされた中低層建物において散見できる（①〜⑦）。また、既存の構築物を手掛かりにして、空間を分節的に新築・改築していく事例も見受けられる（⑧〜⑪）。庭園計画においては、建物群とその庭園空間が分散的に組み合わされた回遊式や、大小の蓮池を囲むようにして建物や築山が配置されていく中国式が存在する（⑫⑬）。経年的に増改築が重ねられてきた建物群は、断片的に

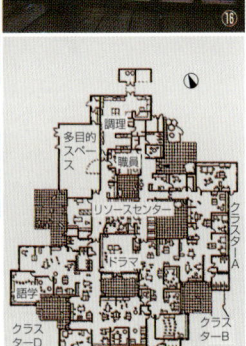

動線でつなぐ　空中をつなぐ　**分節してつなぐ**　上下をつなぐ　緩やかにつなぐ

①ヘルシンキ工科大学　中庭と大小の低層の建物が分散的に配置される。
②〜⑥ゲティーセンター（カリフォルニア）丘上という地理的条件を受けて、展示棟、研究棟が開放的に配置される。⑦ノルディックアーティストセンター（ノルウェー）⑧⑨デンマーク王立図書館　⑩カステルベッキオ美術館（イタリア）⑪ローマ時代遺跡のためのシェルター（スイス）⑫桂離宮（京都市）⑬拙政園（中国）⑭リラ修道院（ブルガリア）⑮グランド・バザール（イスタンブール）⑯厳島神社（広島）⑰ギルモント小学校のクラスタープラン（イギリス）

構築された空間のシークエンスのまとまりが一つの建物像をつくりあげている（⑭〜⑯）。ティーチングクラスターによって分散配置されたクラスルームが典型的事例であろう（⑰）。

11 つなぐ　上下をつなぐ

● ──人は歩行により水平に移動するが、上下の移動には困難が伴う。建築は古来より階段をはじめ上下をつなぐエレメントを用意し、その困難を取り除いてきた。大規模建築にあって地形を持ち込むことを主題とした事例では、大階段を中心に、エスカレーター、空中をつなぐブリッジ、駅側立面をアクセントづける非常用階段など、多様なつなぐエレメントが散りばめられている（①〜④）。垂直に移動する動線がそのまま建築化されるなど（⑤〜⑦）、上下をつなぐ動線が建築的主題と密接に結びついた例なども見られる。一方、優美な螺旋階段（⑧⑨）、直接的でダイナミックな大階段（⑩）、吹抜けと一体化したスロープ（⑪）の他、エスカレータ

動線でつなぐ　空中をつなぐ　分節してつなぐ　**上下をつなぐ**　緩やかにつなぐ

①〜④京都駅ビル　大階段とガラスの大屋根により建築の骨格が構成される。⑤〜⑦潟博物館(豊栄市)　上下をつなぐ動線が「動線体」として建築化されている。⑧ルーブル美術館の螺旋階段(パリ)　⑨ロンドン市庁舎　吹抜けと一体化した螺旋階段。⑩東京デザインセンターの直線的階段　⑪フランクフルト工芸美術館のスロープ　⑫キャナリーワーフ駅のエスカレーター(ロンドン)　⑬ポタラ宮の直線的階段(チベット自治区)　⑭カルタジローネの階段(イタリア)　サンタマリア・モンテの大階段。⑮ヴァーラーナシのガート(インド)　⑯吉備津神社の回廊(岡山)

ー(⑫)のような機械装置的なエレメントなど、これらは機能を満たすだけでなく、建築空間の質を高めるものである。また、近代以前の建築、あるいは都市的スケールにおいても、起伏のある地形に合わせた魅力的な事例が多く存在する(⑬〜⑯)。

11 つなぐ　緩やかにつなぐ

●——「緩やかにつなぐ」手法には大きく2つに分けられる。ボリュームにより複数の領域をつなぐ手法と、中間領域を挿入する手法である。前者として、異なる機能をもち、レベル差のある領域を大規模空間により一体化した例（①②）、複数の領域を地形の同一性や視線によりシームレスにつないだ例（④）、明確な機能をもつ領域を曖昧な領域によりつないだ例（③⑤）などが挙げられる。また、大屋根など大がかりな要素により、点在する領域をダイナミックにつなぐ手法もある（⑥⑦）。さらに、中庭や吹抜けなどのヴォイド空間を介して向かい合うことで、建築的な一体感と見る・見られるといった関係性が生じるが、その際には距離感と境界面のデザインが

110

①②はこだて未来大学　吹抜けで一体化した空間。③⑤ヒムロハウス（枚方市）長い1室空間が明確な目的をもった室群をつなぐ。④鬼石町多目的ホール（群馬）⑥クイーン・エリザベス2世グレート・コート（ロンドン）⑦オルセー美術館（パリ）ガラス屋根に覆われた展示スペース。⑧アルハンブラ宮殿の中庭（スペイン）⑨客家の円形土楼（中国）⑩四十柱宮殿の入口（イラン）柱によって特徴づけられた中間領域。⑪仁和寺・宸殿の広縁（京都市）半外部空間によって自然と向かい合う日本的手法。⑫⑬岐阜県営北方住宅・高橋棟　土間的スペースにより公私の領域を緩やかにつなぐ。

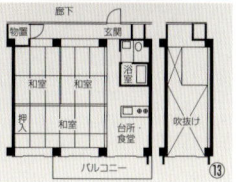

動線でつなぐ　空中をつなぐ　分節してつなぐ　上下をつなぐ　**緩やかにつなぐ**

重要となる（⑧⑨）。後者として、土間的スペースを挿入することにより、集合住宅における公私の領域が緩やかにつなげられた事例が挙げられる（⑫⑬）。これらは、半外部空間により自然と対峙する感覚に近いといえるだろう（⑩⑪）。

12 対比させる　形態を対比させる

①アグバス・デ・バルセロナ本社ビル（バルセロナ）②フランス国立図書館（パリ）4本の高層棟に囲まれて低層部分が設けられている。③越後松之山「森の学校」キョロロ（新潟）④水戸芸術館　⑤同：西立面図　⑥フジテレビ本社ビル（東京）⑦ピカソアリーナ（フランス）⑧ブラーク／オールド・ハーバー開発計画（ロッテルダム）⑨ビルバオ・グッケンハイム美術館（スペイン）⑩葛西臨海水族園（東京）⑪30セント・メリー・アクス（ロンドン）⑫マトゥラーの旧市街　ジャマー・マスジッドのミナレット（インド）

●──対比とは、性質や様態の相異なるものどうしが一つの対を成す組合せとして認識されるとき、それらの差異が強調あるいは際立つ現象である。対照的でありながら、一組の概念として認識されるという矛盾も含む現象であるが、自然界においても建築・都市空間においても多数目にすることができる。
対比の手法は種々考えられるが、形態の対比は建築物に関わる空間の演出手法としては単純で理解しやすい手法の一つである。低層と高層の組合せによる水平・垂直の対比は、同一建築物の中でも都市スケールにおいてもよく用いられる（①〜⑤）。特に都市において垂直方向に高さのあるものを用いることは、ランドマーク

形態を対比させる　明暗をつける　開閉で対比をつくる　色彩で対比させる　新旧を対比させる

として意識させるということでもある。ゴシックの教会尖塔や、イスラムのミナレットはその例であり（⑫）、現代建築の中にもそうした事例を見ることができる（①⑪）。

また高さだけでなく、その造形で街並みや自然といった周辺環境と建築物を対比させるものもある（⑨〜⑪）。近年は、既存の街並みに対して明らかに異なる形態を投入することでその存在を示すものもある（⑨⑪）。

こうした周辺との対比のほかに、一つあるいは一群の建築の中で異なる形態の組合せによって、互いの存在感を示すものもある（⑥〜⑧）。

113

12 対比させる　明暗をつける

●──建築や都市空間において、自然光・人工光を用いた空間の演出事例は多数見受けられる。明るいこと、すなわち光の対になる概念としては、「暗」「闇」「影」といった言葉があるが、光の扱いに関してこれらは異なる空間の状況を示す。
「暗」は文字通り暗いことを指すが、明度の低い状態も含まれる。つまり、わずかな光を含むこともある。事例では、差し込む陽光を利用し建物の内外で壁の表情を変えるもの、古くはステンドグラスによる教会内部の空間演出がある（⑦⑧）。現代では有孔ボードやルーバー、半透明材料などを用いて建築物内外を対比させた空間も見られる（①②④〜⑥）。

114

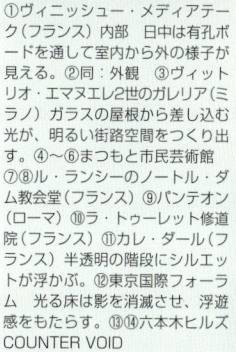

形態を対比させる　**明暗をつける**　開閉で対比をつくる　色彩で対比させる　新旧を対比させる

①ヴィニッシュー・メディアテーク（フランス）内部　日中は有孔ボードを通して室内から外の様子が見える。②同：外観　③ヴィットリオ・エマヌエレ2世のガレリア（ミラノ）ガラスの屋根から差し込む光が、明るい街路空間をつくり出す。④〜⑥まつもと市民芸術館　⑦⑧ル・ランシーのノートル・ダム教会堂（フランス）⑨パンテオン（ローマ）⑩ラ・トゥーレット修道院（フランス）⑪カレ・ダール（フランス）半透明の階段にシルエットが浮かぶ。⑫東京国際フォーラム　光る床は影を消滅させ、浮遊感をもたらす。⑬⑭六本木ヒルズ COUNTER VOID

これに対して「闇」は、まったく光のないこと、絶望的な状況を示す。厳密に言えば、一筋でも光が差し込めばそこは闇ではなくなるが、空間の演出方法として闇の概念を効果的に使うことはできる。闇の中に一筋の光が差し込むことによって明暗の対比が生じ、光と闇が互いにより強調された空間となる（⑨〜⑪）。

一方、「影」は光を遮ることによってその物体の形を示すものである。影は周囲が明るい状態で起きる現象である。影を意識して建てられた建築物や、影を利用して浮遊する空間を演出したものもある（⑫〜⑭）。

12 対比させる　開閉で対比をつくる

●——開閉することは、建築が人に向けて仕掛ける、最もドラマティックな一つの「儀式」である。仕切りの開閉はさながら舞台の転換のように視点を動かし、見るものの意識を変える。ここからあそこへ、感覚上・意味上の、新たな世界へと人の意識を跳躍させる。

閉じた空間の内部は、親密な一つの場を形成する。そこは他と隔絶されており、人々の意識を一つに集める。そこから漏れる蛍火のような光は、その場が他とは峻別された場であることを外界に示す（①）。扉が開かれると（②）、空間は外界へとつながる。閉じられた空間から外へと人々が誘われるとき、開放感とともに新たな

形態を対比させる　明暗をつける　**開閉で対比をつくる**　色彩で対比させる　新旧を対比させる

①〜③リゾナーレ・ガーデンチャペル（山梨）木の葉状の庇が前庭に向かって開く。庇のレース模様が昼は外光を内部に透かし、夜は内部の光を星のように外に照らし出す。④桂離宮・古書院二の間から月見台を望む。月見台の先には船着場があるが、月見台で遮へいされ、視点を池に直接つないでいる（京都市）⑤⑥シュレーダー邸（オランダ）2階は仕切りの開閉により、ワンルームが4つの小部屋に変化する。日本間の襖に似た構造の仕切りにより、フレキシブルに内部空間の連続性を変えられる。

上：ワンルームの場合
下：4部屋に間仕切りした場合

世界へ足を踏み入れる意識へと導かれる（③）。

開閉による視覚の跳躍の工夫は、日本の伝統的建築に顕著である。障子が開かれると、奥行ある桟敷が跳躍台のように視点を一息に池へと飛び込ませる（④）。座敷の奥行と縁の張り出し、池の岸辺までの距離、そして障子の間口の幅が適切に設えられて、このような視覚的な演出が可能になる。開閉はまた、生活場面や対人関係をつなげたり、隔てたりして、空間の機能の多重性をもたらす（⑤⑥）。

このように、仕切りの形と仕切りを介して接する2つの空間の性質の差により、あらゆる強さ、意味合いをもった場面の転換が演出される。

12 対比させる　色彩で対比させる

　●──色彩は光の反射によって認識される。当然のことながら、光の条件が変われば私たちの目に認識される色彩も変化する。そして、隣接する周囲の色彩によっても色の作用は異なる。例えば、同じ赤色を用いても背景色が緑の場合と赤茶の場合では、その印象は大きく異なるのである。このように、2色以上の色彩が隣接するとき、それらの色彩の属性の差異によって対比の効果が生じる。建築や都市空間では、色彩を対比的に使用することで、その形態や領域・空間を強調することができる。

　事例としては、自然界の色彩対比をそのまま建築に用いたもの（③④）や、街並み

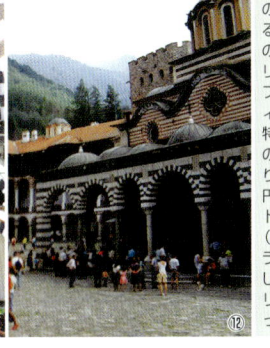

形態を対比させる　明暗をつける　開閉で対比をつくる　**色彩で対比させる**　新旧を対比させる

①②シャウラーガー（スイス）建物の凹凸が色彩によって強調されている。③モロッコの集落　土色と植物の緑が対比をつくり出す。④ピティリアーノの山岳都市（イタリア）⑤フンデルトヴァッサー・ハウス（ウィーン）⑥横浜中華街・善隣門　独特の色彩で中華街の入口を示し、街の象徴となっている。⑦同：市場通り門　⑧ザ・サークル（ロンドン）円形に切り取られた集合住宅のエントランス広場。⑨⑩ツェレの街並み（ドイツ）ハーフティンバーのコントラストが統一した街並みをつくり出している。⑪⑫リラ修道院（ブルガリア）白と黒のコントラストによってアーチが強調される。

と対比させることによって象徴的に存在するもの（⑥⑦）のように周辺環境との対比を示すものがある。また、表と裏あるいは内部と外部というように相対する二極を示すもの（①②）、切り取られた空間の表現（⑧）や内部空間の差異を示す外皮の表現（⑤）、部材間の色彩を変えることで見せる構造の表現など一つの建築の中での色彩の対比もある（⑨〜⑫）。いずれの場合も色彩は形態と結びつくことで、よりその対比効果を発揮する。

しかし、色彩を対比させるということは、裏を返せば周囲と異なる色使いを用いることとなる。計画時には周辺環境への配慮も必要である。

12 対比させる　新旧を対比させる

①カレ・ダール（フランス）現代美術センターとマスメディア資料館として、古代ローマの寺院に対峙して建つ。②③ルーブル美術館・ガラスのピラミッド（パリ）エントランスホールのガラスのピラミッド（②）と、地下空間の採光のために設けられた逆ピラミッド（③）。④リュー・ドゥ・スウィス（パリ）古い建築の間に連鎖的に埋め込まれた新しい建築。⑤東京大学工学部1号館　旧館の壁面をライトアップさせている。⑥リヨン・オペラハウス　⑦⑧ドイツ連邦議会新議事堂"ライヒスターグ"（ベルリン）頭頂部にドームを頂く。

● ── 新旧を対比させるデザインは、都市空間の急激な変化の中で生まれる。都市では、歴史が積み重なるように暮らしが営まれていく。古い建築は、その領域の歴史性を象徴している。都市の生活様式や文化が変容するとき、その領域一帯の古い建物を廃し新たな建築に建て替えていくか、その領域の歴史をランドマーク的建築物の保存により継承しつつ、新たな建築空間を加えるかの選択が行われる。後者の場合、新旧を対比させる手法が採用される。

新旧を対比させる手法には、一つの領域に新旧の建築を配置する（①②）、建築の一部に新しい部分を接ぐ（⑤〜⑦）、古い建築を新しい構造で包む（⑤）、古い建築

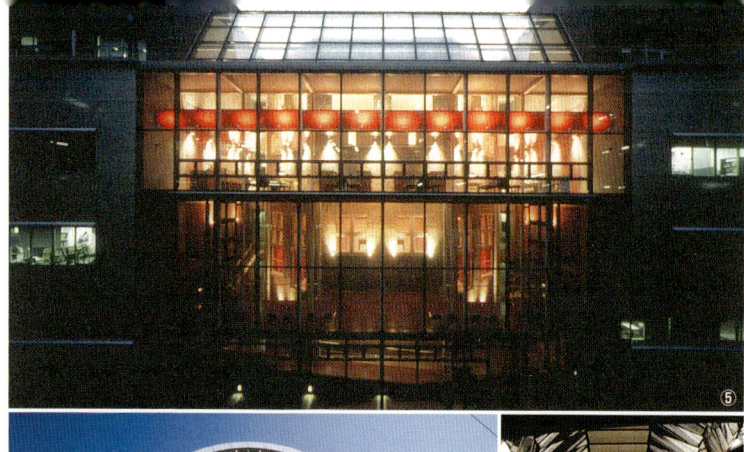

形態を対比させる　明暗をつける　開閉で対比をつくる　色彩で対比させる　新旧を対比させる

と新しい建築をつなぐ(④)等がある。新旧の建築技術の対比により、古い建築と新しい建築双方が視覚的に際立つ。

時代の最新技術が反映されるため、新たな建築もまた現代という歴史性を担う。その結果、都市空間は新旧の対比により視覚的に歴史が重層した時間的な深みを体感させる空間に変容していく。領域の用途や建築空間内外の人の流れも変化し、古い建築を含めた領域そのものが新しい意味性を帯びて人々を引きつけていく。このようにして、新旧の空間造形の技芸が相補的な関係をつくりながら、空間に新しい物と人、人と人との関係性を彫り込んでいく。

13 変形させる　曲げる

①リオラ・パリッシュ教会（イタリア）
②テルミニ駅（ローマ）　③オルセー美術館（パリ）　④国際連合本部（ニューヨーク）⑤エデュカトリアム（ユトレヒト）床スラブが湾曲しながら天井スラブへと姿を変えている。⑥ウィーン郵便貯金局　⑦オーストリア旅行代理店（ウィーン）

●──建築物の壁や天井、床などは、一般には平らな面で構成されることが多いが、あえて「曲げる」ことで、空間にダイナミックなリズムや躍動感を与えることができる。曲げる手法には、垂直方向に曲げる方法と水平方向に曲げる方法が考えられる。柱や梁など線的な構造部材を垂直方向に曲げることで、連続的で包み込むような空間を創造することができる（①〜③）。水平または垂直に設置されることが一般的である構造部材を曲げることにより、軽快で柔らかな空間が創出され、同時に構造部材を重要な意匠の要素とすることができる（①②）。また、天井やスラブなどの面を曲げることにより、空間に方向性やアクセントを与え（④⑤）、開放的で

曲げる　ずらす　崩す　うねらせる　軸をふる

⑧⑩新宮殿（ウィーン）⑨ロイヤル・クレッセント（イギリス）裏庭をもつ30戸の住宅が半月状に接続された連続住宅。⑪パーク・クレッセント（ロンドン）⑫⑬東京国際フォーラム　⑭ピカデリー・サーカス（ロンドン）⑮GSW本社ビル（ベルリン）⑯UNO-City（ウィーン）

豊かなボリューム感を与えることができる（⑥⑦）。
一方、壁面を水平方向に曲げることで奥行感や広がり感が創出され、人をあたかも招き入れるような表情を醸し出すことができる（⑧⑩）。また、アプローチ空間や動線空間を曲げることでアイストップを消滅させ、奥の空間に対する期待感と前へ進みたくなる思いを高めることができる（⑧⑭）。人を誘引する動線空間を創造する際に有効な手法といえる。また、建物全体を水平方向に曲げることで、建物内からの視線を集めたり、逆に、発散させたりすることが可能となる（⑨⑪）。視線をコントロールする際にも有効な手法である。

123

13 変形させる

ずらす

●——建築物の空間ボリュームを通常の状態から「ずらす」ことで、空間にダイナミックな印象やシャープな印象を与えることができる。ずらし方としては、平面方向にずらす方法と、垂直方向にずらす方法、そしてそれらを組み合わせて両方向へずらす方法がある。技術的な問題を解決する手法となることもあれば、建築形態を豊かにするためのデザイン手法となることもある。

例えば、上下左右に緩やかに空間をずらすことで、熱環境負荷を考慮しながら方位と日射の関係から建築形態を決定し、同時に、独特な外観を創造することができる（①）。また、平面的には雁行させ、垂直方向にもずらすことで変化に富んだ形態を

曲げる　**ずらす**　崩す　うねらせる　軸をふる

①ロンドン市庁舎　フロアを各階ごとにずらし建物全体を傾斜させている。②桜台コートビレジ(横浜市)　③フィンランディア・ホール(ヘルシンキ)　④ラウシュトラーセのシティ・ヴィラ(ベルリン)　⑤ソフィテル東京　⑥ルッツェルンの集合住宅(スイス)　⑦ベルリン集合住宅　⑧トーレ・ヴェラスカ(ミラノ)　⑨カールマルクス・ホーフ(ウィーン)　⑩エンパイア・ステート・ビル(ニューヨーク)　⑪シアーズ・タワー(シカゴ)　高さの異なる9つの正四角柱を連結させて建物を構成している。⑫⑬パレスサイドビルディング(東京)　⑭新宿パークタワー(東京)　⑮4m×4mの家(兵庫)

生み出すことができる(②)。高層建築において、容積・風害・日影規制などをクリアする必要があるときにも、頻繁にずらす手法が用いられる。上下階で平面形をずらし(⑤)、上層にいくにつれて平面形を小さくすることでダルな形態となることを避け(⑩)、空間ボリュームを調整する際にも頻繁に用いられる(⑪⑭)。単調な形態になりがちな高層集合住宅において、個々の住戸を平面的にずらすことでシャープな外観と良好な日照条件を実現した例もある(⑥)。整形でない敷地に適合させるために、建物ボリュームをずらすこともある(⑫〜⑭)。ある特定の空間に意味をもたせたいとき、その空間のみをずらすことで固有性を与えることもできる(⑮)。

125

13 変形させる
崩す

①フンデルトヴァッサー・ハウス（ウィーン）カラフルな彩色や直線を排除した空間構成など、画家としての芸術感覚を前面に押し出した作品。②KPNタワー（ロッテルダム）③聖三位一体教会（ウィーン郊外）④オンワード代官山（東京）⑤ゲーテ・アヌム（スイス）

● ──「崩す」という手法は、建築を整えるために用いられるさまざまな手法と対比される。具体的には、建築の全体や部分に対して、角度をつける、形をゆがめる、シンメトリーを崩すなどの操作を施し、秩序だった状態を崩す手法である。一言で崩すといっても、その程度はさまざまである。全体をダイナミックに崩すことで、躍動感のある建築を構成する場合もあれば（①～③）、建築の平面や立面における構成要素の一部を崩すことで、ともすれば堅苦しく単調になりがちな空間からの解放を図る場合もある（④⑤）。このような手法は、特に現代建築において多く用いられている。

曲げる　ずらす　**崩す**　うねらせる　軸をふる

⑥シティコープ・センター(ニューヨーク) ⑦⑨法隆寺金堂・五重塔(奈良) ⑧カサ・デル・ファッショ(イタリア) ⑩オスロ市庁舎(ノルウェー) ⑪サンタンブロージョ教会(ミラノ) 大規模な回廊による囲み空間が素晴らしい。⑫グラスゴー美術学校(スコットランド)

一方、シンメトリーを崩す手法は古い宗教建築にも見られる。教会建築は一般に左右対称に設計されることが多いが、建築様式の変遷や建設資金の不足などの理由により非対称となってしまった例も多い(⑪)。シンメトリーに建築を構成すれば安定感や威厳が増し、権威の象徴とすることができる。しかし、一方の高さや大きさを変化させ対称性を崩すことで、全体の釣り合いは保ちながらも、柔和な印象や動きをもたせることができる(⑦⑨⑩)。非対象性が空間の緊張を和らげ、人々を引きつける魅力となる。また、シンメトリーに構成されることの多い建物にこの手法を適用すると、その非対称性が建築の個性となることもある(⑥⑧⑫)。

13 変形させる

うねらせる

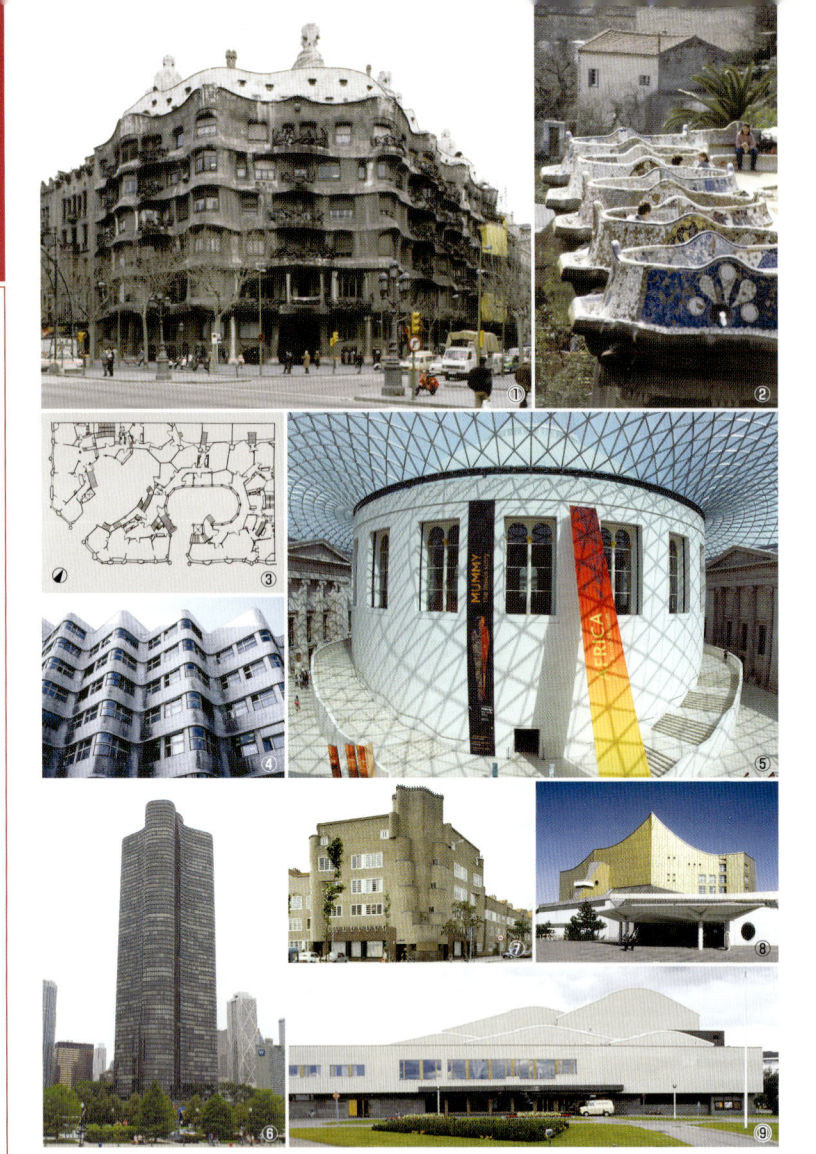

●——フラットな面で構成されることの多い建築物を、複雑で不整形な曲面で構成することで、生き生きとして動的な空間を創造することができる。建築物の壁や床、屋根などをうねらせることによって、自然界における創造物と同様に、一つ一つが有機的でユニークな存在となる(④⑦⑫)。規格化された工業生産物ではなく、唯一無二に存在することが最も人間に適した空間であると主張するような空間を生み出すことができる(①〜③⑧⑨)。また、壁面や屋根のうねりによって切り取られたスカイラインは滑らかな曲線を描き、直線で構成された建築群とは異なる柔和な印象を与える(⑥⑧⑪)。

曲げる　ずらす　崩す　**うねらせる**　軸をふる

①③カサ・ミラ(バルセロナ)波打つファサードは、動的でありながら山のような重厚感を与える。②グエル公園(バルセロナ)　④シェル・ハウス(ベルリン)　⑤クイーン・エリザベス2世グレート・コート(ロンドン)　⑥レイク・ポイント・タワー(シカゴ)　⑦デ・ダヘラートの集合住宅(アムステルダム)　⑧ベルリン・フィルハーモニー　⑨ラッピア・タロ(フィンランド)　⑩横浜港大さん橋国際客船ターミナル　⑪シュレジッシェス・トーア集合住宅(ベルリン)　⑫LIGHT CAVE(東京)　⑬⑭ウォルト・ディズニー・コンサート・ホール(ロサンゼルス)　⑮ミュンヘン・オリンピック競技場

昨今のコンピュータ技術の進展を背景として、非常に複雑な形態の空間を創造することが可能となった。3D設計技術の高度化は、建築家の空間概念を具現化するツールとなり、自然界と同レベルの複雑さをもつ空間をシミュレートすることが可能となった(⑬⑭)。自然物の複雑な形態を単にかたどるのではなく、コンピュータ技術によって新しい「うねった空間」が創造されている(⑤⑩)。
大規模なスケールにおける不整形なうねりは、敷地のコンテクストをも超越した空間を実現させる(⑩⑬〜⑮)。「うねった空間」は理論的に解釈されるというよりも、圧倒的な存在としてありのままに体感されるべき空間となる。

13 変形させる　軸をふる

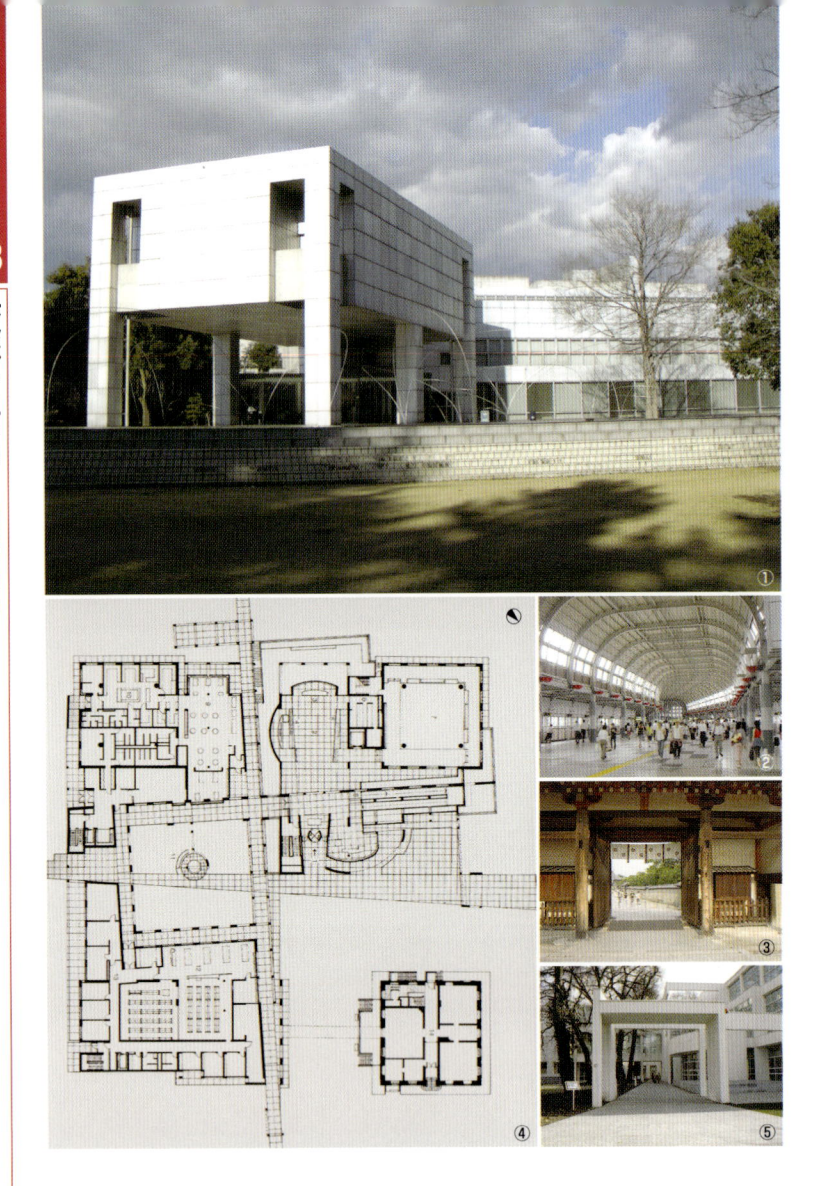

●——直線的な一つの軸、あるいは、直交する二つの軸で規定された均質的な空間において「軸をふる」と、均質性は崩れ、緊張感や曖昧性が生じ、空間にアクセントを与えることができる。軸のふり方にはおもに二種類ある。一つは軸を途中で折るように角度をつけてふる方法であり、もう一つは、直交する二つの軸のうち片方に角度をつける方法である。

軸線の強さや空間の堅さを和らげ、緊張感や息苦しさを軽減し、柔和な空間とするために軸をふることがある（①⑥〜⑧）。緩やかな角度で軸をふれば、視線は軸に沿って誘導され、前方の空間に対する期待感を高め、人々を誘引する空間装置

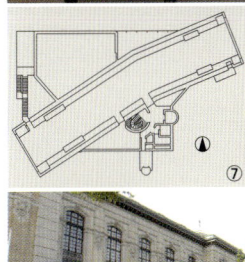

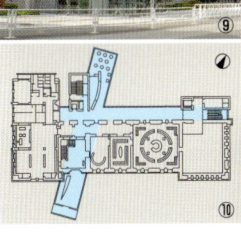

曲げる　ずらす　崩す　うねらせる　**軸をふる**

①群馬県立近代美術館　②JR品川駅（東京）③法隆寺（奈良）④⑤フランクフルト工芸美術館　⑥〜⑧東京工業大学百年記念館　半円筒型の空間軸がわずかにふられており、無機的な空間に動きを与えている。⑨⑩国際こども図書館（東京）⑪⑫グラン・アルシュ（パリ）

として機能する（②③）。逆に、軸をふればその軸を顕在化させること、つまり、軸の存在を強く意識させることができる。例えば、元来直交すべき二つの軸に角度をつけることで、緊張感のある平面計画を実現することができる（④⑤）。また、主たる基軸に対して、角度をつけて新たに軸を設定すれば、新しく設定された軸が強調されると同時に、二つの軸が対峙されることにより、両者の関係性に対する意識を喚起することができる（⑨〜⑫）。

軸をふるという手法は、空間の緊張感を軽減させたり、逆に高めたりするといった相反する効果をもたらす手法である。

14 浮かす　全体を浮かす

●——「全体を浮かす」とは、柱・梁によって建築の本体あるいは全体を浮上させることであり、そこに現れた地表面は上方の建築物と切り離され、さまざまな用途空間として自由に活用でき得る。このことは、コルビュジエの唱える近代建築の5原則、ならびに同氏設計によるサヴォア邸をもってその嚆矢としている（⑫）。建築が小規模のとき、特に住宅では、プライバシーの高い上層部を生み出すだけでなく、四周等価に窓面が確保できる（⑪）。

スケールの大きな建築の場合、全体を浮かすことで複数の方角に向かって平等なアクセシビリティを提供することが可能となる（⑤〜⑦）。とりわけ広場の中心に位置

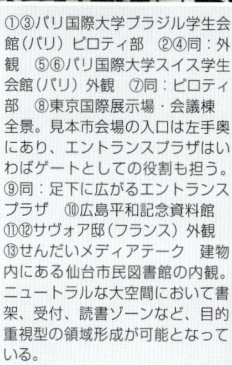

全体を浮かす　一部を浮かす　水に浮かす　吊って浮かす　突き出す

①③パリ国際大学ブラジル学生会館（パリ）ピロティ部　②④同：外観　⑤⑥パリ国際大学スイス学生会館（パリ）外観　⑦同：ピロティ部　⑧東京国際展示場・会議棟全景。見本市会場の入口は左手奥にあり、エントランスプラザはいわばゲートとしての役割も担う。⑨同：足下に広がるエントランスプラザ　⑩広島平和記念資料館　⑪⑫サヴォア邸（フランス）外観　⑬せんだいメディアテーク　建物内にある仙台市民図書館の内観。ニュートラルな大空間において書架、受付、読書ゾーンなど、目的重視型の領域形成が可能となっている。

するような大規模建築の場合、見通しが良く、建築自体の量感・圧迫感を低減するだけでなく、周辺環境との間断ない歩行動線が確保できる点も有意義といえる（⑩）。不特定多数が利用する集客施設などでは、全体が浮かぶことで、その建築自体がランドマークとなり、広場としてのアイデンティティを高め、その足下に求心性・中心性が生まれる（⑧⑨）。

また、大掛かりなトラスチューブ等により床面全体を「浮かす」ことで、建築のメインフレームにとらわれることなく、空間として連続していながら目的を重視したフレキシブルな領域形成が可能となる（⑬）。

14 浮かす ― 一部を浮かす

● ――頑強な建築の足下が、その一部だけでも浮いている様に出会うと、物理的なアンバランスさに起因し、形容しがたい不安定なメンタリティと遭逢することがしばしばある。これが立体の「一部を浮かす」一つの醍醐味である。建築の本体が頑強であればなお、浮かした一部をもって軽快さや開放感を増幅して感じさせられる故、その質的特性を建築プログラム上の主たる出入り口（エントランス）とする事例が多く見られる（①〜⑥）。また、対をなしてそびえる高層タワーによって上部デッキを浮かした事例では、いかにも「空中で星合いする」息を呑むような風情に、物理的な不安定さと開放感をして、見る者の心をとらえて離さない（⑦）。

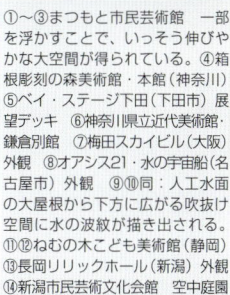

全体を浮かす　**一部を浮かす**　水に浮かす　吊って浮かす　突き出す

①〜③まつもと市民芸術館　一部を浮かすことで、いっそう伸びやかな大空間が得られている。④箱根彫刻の森美術館・本館（神奈川）⑤ベイ・ステージ下田（下田市）展望デッキ　⑥神奈川県立近代美術館・鎌倉別館　⑦梅田スカイビル（大阪）外観　⑧オアシス21・水の宇宙船（名古屋市）外観　⑨⑩同：人工水面の大屋根から下方に広がる吹抜け空間に水の波紋が描き出される。⑪⑫ねむの木こども美術館（静岡）⑬長岡リリックホール（新潟）外観　⑭新潟市民芸術文化会館　空中庭園

一方、浮かす対象が立体でなく、屋根面のような板状体である場合は、外部環境との間に存してフィルターとしての質的役割を担うことになる。例えば、オアシス21では屋根面を強化ガラスで覆い、浅く水を張って屋根下への輻射熱を吸収する働きをもたせたり（⑧⑨）、水面のゆらぎを大都市の中心部において体感できるギミックを備えている（⑩）。ねむの木こども美術館では、屋根全体に有透過性のパルプ素材を用いることで直射光を柔らかで優しい明かりに換え、森にひっそりと佇む美術館たる情趣を発現している（⑪⑫）。また、施設内にホールやオーディトリアムを点在させ、それら全体を覆うようにして空隙に新たな自由空間を設ける事例もある（⑬）。

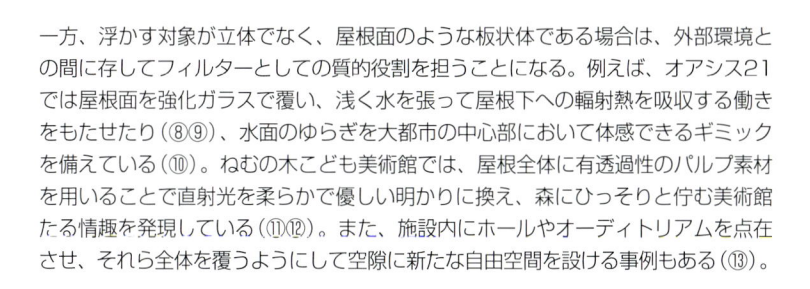

14 浮かす
水に浮かす

●――建築は比重からみても水に浮くはずもない。かたや自然界のゆらぎを優しくたたえる水面に対し、建築は儚くも重く、硬く、浮かんで見えるよう「偽装」するしかないのであるが、それをして「水に浮かす」とは、すなわち浮上のシンボリズムを得るが故である。巨大なボリュームをなす建築の場合、その足下に水面を引き込むことで量感を低減するに至る。水中から独立基礎等によって建築の一部を持ち上げ、ピロティとする例が多く見られる（②③）。また、降り注ぐ環境光に照らされた水面と、それに映し出される建築の姿を対峙させることにより、見る者にえも言われぬ浮遊感と、多彩な建築の風景を体感させることもできる（④⑥）。

全体を浮かす　一部を浮かす　**水に浮かす**　吊って浮かす　突き出す

①浅倉五十吉美術館（石川）水面に浮かんだ壁面がアプローチ空間を適度に包み込みながら水面に写像を落とし、静謐かつ躍動的な風景を形づくっている。②③神奈川県立近代美術館・鎌倉館　④葛西臨海水族園（東京）⑤⑦豊田市美術館　⑥⑧大阪府立狭山池博物館（狭山市）水面の存在が風景としての建築空間を呈している（⑥）。⑨金沢市民芸術村　⑩長野県信濃美術館・東山魁夷館　⑪⑭岡崎市美術博物館　⑫⑬栃木県なかがわ水族園　⑮⑯安曇野高橋節郎記念美術館（長野）内部の通廊と外部の中庭が、水面によって表情豊かにつながっている。⑰石の美術館（栃木）

閉環境において水面を用いる場合、鏡のようにゆるぎのない銀面に転写された建築の姿は、その空間感を果てしなく増幅させる（①⑰）。

水、ガラス、またそれらに似た色彩の床面がつくり出す静謐な風景の中では、水面はもはや地表面としての広がりをたたえ、建築要素化されるに至る（⑮⑯）。

さらに、建築要素となった水面を用いて対照的な物質風景をつくり出すことも可能になる（⑤⑦）。

もっと直接的に用いるとすれば、水面に描くランドスケープという手法が、その一方では考えられる（⑪⑭）。

14 浮かす　吊って浮かす

● ——全長約4kmになんなんとする海峡を橋渡す吊り橋は、2対の主塔をヒンジとしてゆったりと掛かるメインケーブルの引張強度、橋桁材のトラス剛性、主塔の鉛直度およびその基礎の荷重耐力、ひいては材料力学、弾塑性力学、構造力学等の物理・工学モデルの制御知識に支えられている。「吊って浮かす」ことを極めて現実的にとらえ、その基本形を突き詰めたデザインだからこそ、見る者は皆、本物のもつ凄みに、ものさびて尊い印象すらもつ（③④）。一方、動物の骨のかたちを模し、構造基本形式とデザイン表現が理想的な融合を見せた事例もある（①②）。膜構造は特に、その姿自体に工学の妙趣をより直接的に感じることができる（⑤）。

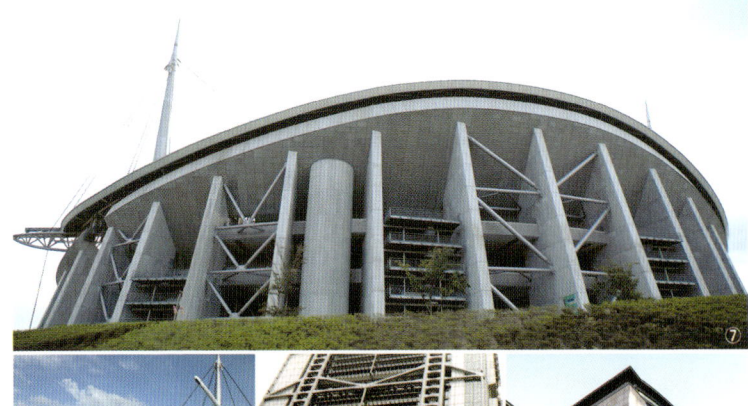

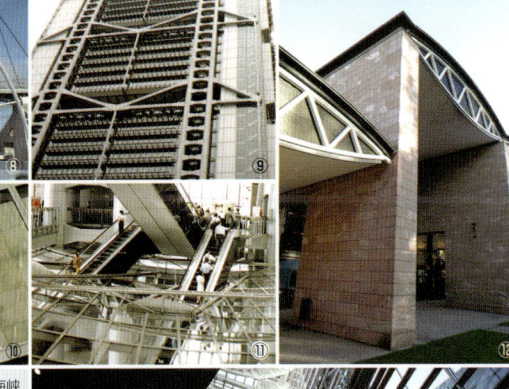

全体を浮かす　一部を浮かす　水に浮かす　**吊って浮かす**　突き出す

①②豊田大橋（豊田市）③明石海峡大橋（神戸市）橋桁部　④同：全景　⑤モーターウェイ国境検問所（フランス）膜屋根を吊るテンション材と、それを吊る方向がそのままデザイン表現になっている。⑥国立代々木競技場・第一体育館（東京）⑦⑧豊田スタジアム（豊田市）外観　⑨香港上海銀行　外観　⑩⑪同：アトリウム　⑫ジャン・ティンゲリー美術館（スイス）外観　自立する壁面で分節された空間に架かるワーレン・トラスを屋根にもち、量感とともに緩やかな曲面が空間全体を軽やかに印象づけている。⑬東京国際フォーラム・ガラス棟内観

逆に、こうした工学の基本形を、包括的なデザイン表現にうまく内包することで、強烈なアイデンティティを創発する事例もある。豊田スタジアムは、4本主塔による吊り構造を一部屋根面の支持に用いることで、スポーツスタジアムとしては独特の形姿を覗かせている（⑦⑧）。また、ジャン・ティンゲリー美術館では、曲面シェルの内部に剛体トラスを包み込んだ構造体を屋根に用いており、軒の断面が醸す印象としての中空感・軽量感から、並行する壁に吊って浮かされているような感覚すら覚える（⑫）。屋根構造を「吊って浮かす」ことのメンタルな軽やかさは、内部空間をより一層伸びやかに見せる（⑬）。

14 浮かす　突き出す

●──帽子の庇のように、屋根を片側からキャンティレバー（片側のみ構造締結した片持ち梁）方式によって突き出すことで、風雨や陽光を適度に遮りながら、その場の目的に応じた合理的な半屋外環境をつくり出すことができる。小さな庇であっても、雨の日に濡れずに傘を広げられたり、直射光を面の明かりとして取り込むといった機能変換だけでなく、力学に拮抗するその有り様のダイナミズムにおいて、見惚れるほどの美しさを顕現させることが可能である（①②）。巨大な庇の場合、地表面からの高さを確保することで、拡散光により十分明るく、庇の影というよりもむしろ木陰としての照度が得られ、適度な抱擁感とたっぷりとした空

140

全体を浮かす　一部を浮かす　水に浮かす　吊って浮かす　**突き出す**

①渋谷区立松濤美術館（東京）正面玄関。控えめな庇とその影が荒々しくも温かな壁面を演出する。②バイエラー財団美術館（スイス）ダイナミックかつソフトな印象をもつ半透明ガラスの屋根面。③④ルッツェルン文化会議センター（スイス）最長45mの片持ち庇。⑤ヴィトラ社工場棟（ドイツ）渡り通路の庇。⑥兵庫県立新美術館（神戸市）⑦東京工業大学百年記念館　⑧集合住宅LiF（名古屋市）⑨⑩リアス・アーク美術館（気仙沼市）展望デッキ　⑪中銀カプセルタワー（東京）⑫西田幾多郎記念哲学館（石川）

間感をもって居心地の良い広場となる（③④⑥）。

一方、建築空間の一部を壁面より突き出すことで、物的な機能変換とともに、質的役割としての表情をつくることができる（⑦）。美術館などでは、象徴的な表情を備えた空間要素を建築のプログラムに内包させ、劇的な公共性を提供している事例が多く見られる（⑨⑩⑫）。また小住宅や集合住宅においても、開口・採光面に見受けられる都市的な均質様式の牙城から脱すべく、構造の基本形式と連関した意匠デザインにより、物理的に不安定であるというメンタリティを超え、街の景観を構成せんとする「表情」が描き出されている事例もある（⑧⑨）。

15 透かす・抜く　物を通して透かす

● ──「物を通して透かす」といった空間操作が私たちに与える心理的効果は、媒介となる「物」の性質によって大きく左右される。

透明性の高い「物」を通して透かす場合のおもな目的は、視線や光を直接的に次の空間へと誘い、空間の視覚的流動性を高めることによって、空間の一体化といった心理的効果を生じさせることである（①〜④）。一方、透明性の低い「物」を通して透かす場合のおもな目的は、視線を遮断しつつも光を通過させ、その光を拡散させることによって空間の柔らかさを演出するとともに、その先の気配を感じさせ、期待感や不安感などといった心理的効果を生じさせることである（⑤〜⑧⑬）。

物を通して透かす　間を透かす　水平に抜く　垂直に抜く

①②アンドレ・シトロエン公園（パリ）③ニューナショナル・ギャラリー（ベルリン）④ルーブル美術館・ガラスのピラミッド（パリ）⑤メゾン・エルメス（東京）⑥ネルビープラザ（トリノ）⑦前川國男邸（東京）⑧デンバー国際空港ジェペセン・ターミナル（アメリカ）⑨⑩ジェームス・R・トンプソン・センター（シカゴ）反射といった性質の利用によって、周辺の事物が映し出されたガラス越しに見るアトリウムの内部。⑪ギャラリー・ラファイエット（ベルリン）⑫東京国立博物館・法隆寺宝物館　⑬イエール大学ベイネック貴重図書館（アメリカ）

さらに、「物」の反射といった性質を利用することも考えられる。この性質は、その「物」を取り巻くさまざまな対象を「物」の中に映し出し、空間の混迷化（⑨）や一体化（⑪）を図るとともに、その「物」の先に存在する空間を消失させるなどの演出も可能にする（⑫）。

このように、「物を通して透かす」といった空間操作は、私たちが光に対してどのように対峙するかといった問題に置き換えることができる。そして、この空間操作から求め得る心理的効果を獲得するためには、光の変化とそれに伴って変幻自在に移り変わる空間の姿を、完全に制御しきらなければならないのである。

15 透かす・抜く

間を透かす

●——「間を透かす」といった空間操作は、どのような場合に用いられ、どのような心理的効果を演出しうるのであろうか。

壁のように完全な遮へい物で空間を分割する目的は、空間の有する時間的概念を遮断し、その性格を明確化することである。そして、時間的概念が喪失された空間は、空間の有機的特性である流動性などを失うこととなる。しかしながら、空間の有機的特性を失うことなく、空間を分割する方略として存在するのが、「間を透かす」といった空間操作である。そして、この空間操作には「間」という非常に曖昧な概念が存在する。

144

①②アラブ世界研究所(パリ)　③④ベルリン・ユダヤ博物館　⑤光の教会(春日丘教会)(大阪)　⑥⑦東京国立博物館・法隆寺宝物館　⑧〜⑩アート&アーキテクチュア・ストアフロント(ニューヨーク)　⑪〜⑬出雲大社庁の舎(島根)

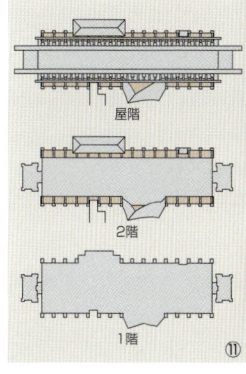

物を通して透かす　**間を透かす**　水平に抜く　垂直に抜く

何かを見たいといった欲求は、その先の対象が見え隠れする「間」を通すことによってさらに高められる。この欲求の高まりは、わが国における伝統的な「切れ・つづき」の美に通じるものであり、その高められた欲求は、神秘性(①②)や象徴性(③〜⑤)、さらには連続性(⑧〜⑩)や静謐性(⑥⑦⑪⑫)など、さまざまな心理的効果へと姿を変えて私たちの眼前に提示されるのである。しかしながら、「間を透かす」といった空間操作によって獲得される心理的効果は、非常に繊細なものである。この場合、適切な「間」をどのように取るかが最も重要な課題であり、その「間」が適切でなければ「間が抜ける」といった事態に陥るのである。

15 透かす・抜く　水平に抜く

① ② ③ ④ ⑤ ⑥ ⑦ ⑧ ⑨

●——私たちは、垂直に抜かれた空間に比べ、水平に抜かれた空間の存在を意識するのが困難である。

「水平に抜く」といった空間操作は無意識的に行われており、その結果生じる水平に抜かれた空間を私たちは日常的に体験している。この空間操作は、その多くが視線を通し、見通しを良くすることによって、空間のわかりやすさや移動のしやすさなどの機能的効果を提供してくれる。

しかしながら、この意識しにくい水平に抜かれた空間が、強烈なインパクトを有して迫ってくる場合が存在する。このような場合、「水平に抜く」といった空間操

①②グラン・アルシュ（パリ）③ミレニアムブリッジ（ロンドン）④〜⑥広島平和記念資料館　四角く水平に抜かれた空間の先には、戦争の悲惨さを私たちに伝える原爆ドームが象徴として存在する。⑦神奈川県立近代美術館・鎌倉館⑧木の殿堂（兵庫）⑨高岡山瑞龍寺（富山）⑩〜⑫ニテロイ現代美術館（ブラジル）空間を水平に切り抜くことで、風景の広がりが演出される。⑬〜⑮広島市環境局中工場⑯京都駅ビル⑰オヘア国際空港ユナイテッド航空ターミナル（シカゴ）⑱なにわの海の時空館（大阪）

物を通して透かす　間を透かす　**水平に抜く**　垂直に抜く

作は、水平に抜かれた空間と抜かずに残された空間との対比で語られなければならない。

ある空間から水平に抜き取られた空間は、残存する空間との対比から、その先に存在する新たな空間を限定することとなる。さらに、その限定された新たな空間は視線を集中させる役割を担い、その結果、私たちが位置する空間とその先に存在する新たな空間との差異を明確化する。そして、この空間操作は、先に存在する新たな空間に対して象徴性（①〜⑨）や永続性（⑩〜⑱）などの意味を暗示させることによって、私たちをその空間へ誘おうとするものである。

15 透かす・抜く　垂直に抜く

●──「垂直に抜く」といった空間操作は、どのような機能的効果や心理的効果をもたらしうるのであろうか。

一般に、私たちは水平移動に比べ垂直移動が困難であると言われている。また通常、空間を計画する場合、無意識的に断面的イメージよりも平面的イメージの検討を優先していることに気付く。これら断面的イメージを想起することの困難さは、私たちが生命を得た瞬間から、垂直方向よりも水平方向の体験を多く積み重ねてきた結果であると考えられる。

よって、断面的なイメージを想起させる垂直に抜かれた空間に対峙するとき、日

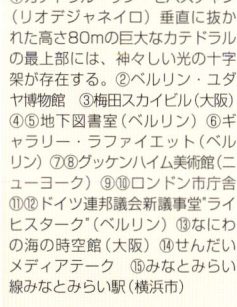

①カテドラル・サン・セバスチャン（リオデジャネイロ）垂直に抜かれた高さ80mの巨大なカテドラルの最上部には、神々しい光の十字架が存在する。②ベルリン・ユダヤ博物館　③梅田スカイビル（大阪）④⑤地下図書室（ベルリン）⑥ギャラリー・ラファイエット（ベルリン）⑦⑧グッゲンハイム美術館（ニューヨーク）⑨⑩ロンドン市庁舎⑪⑫ドイツ連邦議会新議事堂"ライヒスターク"（ベルリン）⑬なにわの海の時空館（大阪）⑭せんだいメディアテーク　⑮みなとみらい線みなとみらい駅（横浜市）

常では感じえない意識を有することとなる。

「垂直に抜く」といった空間操作の機能的側面は、断面的イメージが困難な私たちに対して視界を開放することにより、空間のわかりやすさや移動のしやすさを提供する。一方、心理的側面では、上方や下方へと伸びる空間に視線を誘導することにより、期待感や開放感を演出する。そして、この心理的効果を意図した視線の誘導は、単純に空間を「垂直に抜く」だけでは得られないものである。そこには、象徴的な光（①〜⑧）や螺旋状のシークエンス（⑨⑩）、直線的な方向性（⑪〜⑮）など、視線を誘導するための形態的な操作が必要となる。

16 動きを与える　ボリュームで動きをつくる

● ——建築形態は、その物理的荷重とは別の心理的な重量感をもつボリュームとして知覚される。このボリュームがつくり出す建築形態の動きを、R.アルンハイムは「空間のダイナミクス」と呼んだ。それは、建築の構造力学とは異なる「建築的道具立て全体の輪郭から生じる力の視覚的場」である。彼によれば、「視覚内にあるあらゆる物体は、それ自体の小さな重力の中心を構成する。あらゆる物体は、その視覚的重さに依存して、その周辺の物体を引く力をもつ」。重力の向きである垂直のエッジは多くの建物がもつ軸であり、その基準から外れたボリュームは、不安定で倒れたり崩れ落ちたりするような印象を与える（①～③）。

ボリュームで動きをつくる　面で動きをつくる　景を転換する　人の流れをつくる

①マサチューセッツ工科大学　レイ・アンド・マリア・スタータ・センター（アメリカ）②同：立面図 ③水戸芸術館　④アサヒビール本社ビル・アサヒスーパードライホール（東京）屋上の「炎のオブジェ」。⑤⑥ミルウォーキー美術館（アメリカ）⑦マーシアス（ロンドン）テートモダンのエントランスホールに設置された、アニッシュ・カプーアによる巨大彫刻。⑧養老天命反転地（岐阜）⑨本願寺飛雲閣（京都市）⑩桂離宮（京都市）⑪長野県信濃美術館・東山魁夷館

上方にいくにしたがって広がるようなボリュームは、重力を否定して、地上から飛び立つような印象を与える（④〜⑦）。逆に掘り下げられた窪みは、地中に吸い込まれるような中心への動きを感じさせる（⑧）。西洋建築の様式は安定性を好み、シンメトリーで大地にしっかりと据えられた基壇の上に建てられることが多いのに対して、日本の伝統建築の中には、ボリュームの積み重ねをあえて中心軸からずらしたもの、雁行配置のように正面性を避け、細い柱によって大地からボリュームを持ち上げたように見せたものがある（⑨⑩）。これらの建築は、ボリュームを軽やかに印象づけ、水平方向へ繰り出す動きを感じさせる（⑪）。

16 動きを与える　面で動きをつくる

●——「運動は、どんな状況の下でも、実際に物をその周辺からはっきりと区別し、その形をただちに明らかにするという驚くべき力をもっている」と、W.メッツガーは『視覚の法則』の中で述べている。動物の視覚は、動くものを背景の中から瞬時に識別し認識する力を備えている。建築をつくる者にとって、自らの形を周辺から浮かび上がらせるこの動きの力は、一度は作品に具現化してみたいテーマであったに違いない。それは、例えば行儀よく並んだ箱に1枚の長い平面を挿入し、うねらせてみせることかもしれない（①②）。広々とした水平面にはじけそうな丸みを帯びた面を並べたり（④）、多角形に複雑に折り曲げた平面を浮かべることか

152

ボリュームで動きをつくる　**面で動きをつくる**　景を転換する　人の流れをつくる

①②バイカー・ウォール（イギリス）③カサ・ミラ（バルセロナ）④テームズ・バリアー（ロンドン）⑤～⑧横浜港大さん橋国際客船ターミナル　⑦同・屋上平面図　⑨ジェイ・プリツカー・パビリオン（シカゴ）⑩愛・地球博　チェコ館（愛知）細い木材の先が曲面上の点を示す。⑪愛・地球博　ポーランド館（愛知）メッシュデータをスチールフレームで近似的に置き換え、籠上の皮膜をかぶせている。⑫愛・地球博　クロアチア館（愛知）⑬愛・地球博　北エントランス（愛知）⑭⑮京都府立陶板名画の庭（京都市）

もしれない（⑤～⑧）。四角い街角から波打つ壁を練り出すことかもしれない（③）。自由な曲面の表現を求めてさまざまな技巧が凝らされる。曲面上の点データの表現（⑩）、自由曲面のメッシュデータに皮膜をかぶせる表現（⑪）、帯状の断面データをずらす軽やかな動きの表現（⑫⑬）。鋭角に絡む平面構成は動きを感じさせるが（⑭⑮）、複数の曲面の絡み合いは爆発的な印象すらもたらす（⑨）。むろん現実には建築自ら動くわけにはいかない。さまざまに波打つ面を建築に見るとき、とどまらざるを得ない建築に背景となる周囲から離脱する動きの錯覚、すなわちダイナミクスを与えようとする、建築家のあくなき挑戦を認めることができる。

16 動きを与える　景を転換する

①ラビリンス（東京）②〜④ベルリン州立図書館の階段ホール　劇場的な内部が広がる。⑤サヴォア邸の屋上へ通するスロープ（フランス）⑥⑦バウムシューレンヴェグ・クレマトリウム内部（ベルリン）⑧異なる色面の組合せが見られるマイスター・ハウス内部（ドイツ）⑨サン・ジミニャーノ歴史地区（イタリア）⑩バルセロナ・パビリオンの平面図　⑪⑫クヴェートリンブルク歴史地区（ドイツ）⑬ラ・ヴィレット公園（パリ）フォーリーが点在し、人の移動を喚起する。⑭フォルクス銀行本店（ベルリン）日本的な「奥」の空間が感じられる。

●──「景を転換する」という考え方には、常に私たちの身体の移動が関係してくる。建物そのものは不動なのだが、見る人がその内部や周囲を動き回って観察すると、俄然、建築物の印象は動的なものとなる。そうした意味で、建築物を体験することとは、実は映画を鑑賞する行為に似ている。そこで、建築家は自らが映画監督でもあるかのように、後に立ち上がってくるだろうシーンの一つひとつを想定し、図面上にその演出を試みていくことができるのである。例えば、空間の幅に変化をもたせたり、列柱廊・階段・段差やスロープなどの仕掛けを駆使し、加えて光や見通しの具合を調整したりしながら、水平・垂直方向の移動を伴う多

ボリュームで動きをつくる 面で動きをつくる **景を転換する** 人の流れをつくる

彩な場面展開を創作していくことができる(①〜⑤)。特に、空間を分節する要素である壁や柱の位置関係、そして見え隠れする素材の質・色等を巧みに変化させることで、そのシークエンス(映像の連続性)を内容豊かなものにすることができる(⑥〜⑧⑩)。そうした場面展開を試みる際のヒントは、自然発生的に形成されてきた古い街並み、わけても路地に見られるような情景の重なり合いにも隠れていることが多い(⑨⑪⑫)。また、庭園を歩いて巡る際の回遊性や日本建築に伝統的な「奥」という考え方も、歩を進めるにつれ空間をコマ状に切り開いていくイメージを伴うもので、景の転換を試みるにあたって貴重な緒を提示してくれる(⑬⑭)。

155

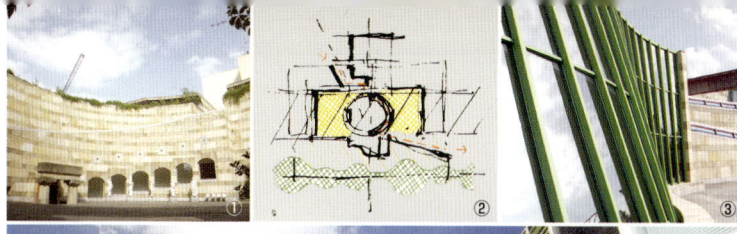

16 動きを与える 人の流れをつくる

①③シュトゥットガルト美術館（ドイツ）中央に配された円形コート。②同：コンセプトスケッチ ④フォトニックセンター（ベルリン）人の動きを促す壁のうねり。⑤アルテス・ムゼウム（ベルリン）⑥国立絵画館（ベルリン）外周の列柱廊。⑦ワイマール・バウハウス校舎（ドイツ）⑧レオナルド・ダ・ヴィンチの階段スケッチ ⑨シャンボール城の二重螺旋階段（フランス）⑩ドイツ連邦議会新議事堂"ライヒスターク"上方へと続く二重螺旋のスロープ。⑪ドイツ歴史博物館⑫同：内部 ガラスで包まれた移動空間。⑬ポンピドー・センター（パリ）⑭⑮ロンドン市庁舎

● ──建物を計画する際には、建物の内部や周辺で発生する人の流れに必ず注意を払うものだが、それは単に効率性の視点から判断したり、計画したりすべきではない。というのも、そこで繰り広げられる人の動きを、どのような形で「演出」するかという点にも気をはらうならば、建築物そのものにダイナミックな躍動感を与えることができるからである。

そのためにはさまざまな工夫を施さなければならない。例えば、狭いところから広いところへ、あるいは暗いところから明るいところへ、平凡な空間から象徴性をもった空間へ、周縁から中心へ、などといった人間の知覚し得る基本的な「極性」

ボリュームで動きをつくる　面で動きをつくる　景を転換する　**人の流れをつくる**

を適宜切り換えながら空間を構成していくことにより、人の流れは自然な形で促されるのである（①〜⑥）。

とりわけ、スパイラル状のうねりを描きながら上昇する階段やスロープは、人が垂直方向に移動する際の負荷を和らげ、空間に穏やかな回遊性と遠心的な広がりを与えるものとして古くから多用されてきた（⑦〜⑩）。

近年では、そのような移動に関わる空間を、ガラス素材を用いて造作することが多く、そのため人の流れる様相は外部へと可視化され、一層の空間的ダイナミズムを生み出している（⑪〜⑮）。

17 飾る　象徴性を与える

● ——近代建築においては、ミース・ファン・デル・ローエの「レス・イズ・モア」という言葉に代表されるように、あらゆる装飾を排して純粋に機能と形態を追求することが求められ、「機能美」の追求は、「装飾」を過剰なもの、不必要なものとして排除してきた。

しかし、人類の長い歴史において、宗教的な意味合いから、また、権力や富を象徴するものとして、「装飾」という行為は古典古代の世界からあらゆる文明において行われてきたものである。儀式や祭りにおいて、人やモノを化粧や衣装、装飾などによって飾りたてるのと同様に、建築の空間も、建築の形態それ自体がもつ

象徴性を与える　内部空間を飾る　文様で飾る　過剰に飾りたてる　レイヤーをまとう

①ゼツェッション館（オーストリア）「黄色い玉ねぎ」のようなドームが、歴史絵画からの分離を象徴する。②③シャルトル大聖堂（フランス）④ランス大聖堂（フランス）⑤サグラダ・ファミリア（スペイン）キリスト生誕にまつわる物語の彫像群が扉口の上部を飾る。⑥キジー島の木造建築（ロシア）⑦アンコール・ワット（カンボジア）⑧⑨サダン・トラジャ族の集落（インドネシア）⑩アサヒビール本社ビル・アサヒスーパードライホール（東京）マッシブな黒御影石の量塊の上に載る黄金色のオブジェは、都市の中でひときわ異彩を放つ。

象徴性に加えて、「装飾を施す」ことによって、宗教的な権威や荘厳さ、権力や富を表す、より大きなシンボル性を与えられてきた（⑥〜⑨）。そして、ロマネスクやゴシック、ルネサンスといった各様式に代表されるように、それぞれの時代における技術や構法による形態的特徴に加えて、「装飾」がもつ特徴が、結果として各時代を代表する様式の特徴ともなっているのである（③〜④）。さらには、物語性をもった装飾を通じて宗教的なメッセージを伝えたり（⑤）、本来付加的であるはずの装飾が、シンボリックなモニュメントとして機能し、それ自体が主義主張や商業主義的なメッセージ性を発するものとなっている（①⑩）。

17 飾る　内部空間を飾る

①リラ修道院（ブルガリア）②アーディナータ寺院（インド）③ステップウェル（インド）④メスキータ（スペイン）⑤シャルトル大聖堂のステンドグラス（フランス）⑥コロニア・グエル教会（バルセロナ）⑦オスロ市庁舎（ノルウェー）⑧⑨アムステルダム宮殿　⑩システィーナ礼拝堂のフレスコ画（バチカン市国）⑪サン・ピエトロ大聖堂（バチカン市国）⑫〜⑭パリのオペラ座　正面の大階段やホワイエを飾る豪華な装飾が、華やかな社交の場を演出。

● ——「装飾」は、建築のエクステリアに象徴的な統一性を与えるのと同様に、内部空間を構成する床・壁・天井、柱や梁に装飾を凝らすことによって、一つのまとまりをもった「場」を創出する。

例えば、教会の聖堂内部は、色大理石が格子状に敷き詰められた床、壮麗な宗教画が描かれた壁、高い天井と天上界を描いた天井画、天界からの光を思わせるステンドグラスの窓など、それらすべてが相まって一つの小宇宙を出現させ、その空間に身を置く人々を包み込み崇高な雰囲気をつくり出す（①〜⑥）。

内部空間に対するそのような装飾は、場にはっきりとした性格づけをし、統一性を

象徴性を与える　**内部空間を飾る**　文様で飾る　過剰に飾りたてる　レイヤーをまとう

もたらす(⑦〜⑨)。教会や王宮、劇場など、各時代を代表する建築において、それぞれの時代の工芸技術の粋を集め、贅の限りを尽くして創出された豪華な空間は、時空の共有という意味においても大いなる効果をもたらしているといえる(⑩〜⑭)。

161

17 飾る　文様で飾る

① ② ③ ④ ⑤ ⑥ ⑦ ⑧

●——「装飾」は、「飾り」を意味するオーナメントやデコレーション、「意匠・図案」を意味するデザインなど、幅広い意味を含んでいるが、その中でも「文様」と言われているものは、それぞれの地域や時代を背景にさまざまなものが生み出されてきた。

気候風土や習慣に根ざし、長い年月の中で培われてきた伝統的な「文様」は、それぞれの時代や場所によって明らかな特徴をもっている。例えば、ギリシャ・ローマにおいては、定規とコンパスによる幾何学的装飾が「すべての自然界の知識の諸原理」を表すものとして多用された。また、部分とそれの繰り返しによってつくり

象徴性を与える　内部空間を飾る　**文様で飾る**　過剰に飾りたてる　レイヤーをまとう

①②ハヴェリー（インド）③④メスキータ（スペイン）⑤〜⑧アルハンブラ宮殿（スペイン）幾何学模様、植物をデザインした唐草模様、アラビア文字の装飾が内部の壁面を埋め尽くす。⑨⑩マジョリカハウス（ウィーン）マジョリカ焼のタイルで飾られた赤いバラが、印象的なファサードをつくり出している。⑪オルタ邸（ブリュッセル）⑫カルタジローネの階段（イタリア）⑬⑭オラデアのブラックイーグル（ルーマニア）⑮オスティア・アンティカ（ローマ）ローマ遺跡の、モザイクタイルによる床。

出される「文様」は、自然界における有機的秩序と同様に、形式と秩序を与えることによって自己増殖し、全体としてある特異な空間をつくり出す。一つひとつの文様が表す意味だけではなく、ごく単純なパターンであっても、それが無限に繰り返され全体を覆い尽くすことによって独自の世界を出現させる（⑨⑩⑫〜⑭）。
各地に見られる土着的な文様、アラブ風のアラベスク文様やイスラミック・パターン、またアール・ヌーヴォー等、それらが建築の内外を問わずいたるところに用いられることによって、それぞれが独特の雰囲気を醸し出し、その建築空間に固有の雰囲気を与えている（①〜⑧⑪⑮）。

163

17 飾る

過剰に飾りたてる

①②ミーナクシ寺院（インド）③④カジュラーホの寺院（インド）⑤シュヴァルの理想宮（フランス）⑥カオダイ教寺院（ベトナム）⑦⑧デプン寺（チベット）⑨日光東照宮・陽明門　⑩〜⑫大阪市環境事業局舞洲工場　ごみ焼却場という機能とは対照的な、おとぎの国を思わせるような外観をつくり出している。⑬シュピッテラウ焼却工場（ウィーン）　⑭⑮フンデルトヴァッサー・ハウス（ウィーン）壁面に見える植物とカラフルな色彩・曲線が、自然との調和を意図する強いメッセージを発している。

● ──「装飾」は、象徴的であったりシンボリックなものである以上に、時としてさらに過剰な装いを凝らすことによって、もっと饒舌に自己主張し、特異な空間を出現させる。しつこいほどにケバケバしく飾りたてたり、派手な厚化粧を施すことは、その空間に対する思い入れが強ければ強いほど、情念の発露として、強烈な空間を出現させる。

技巧を凝らし精巧なまでに形づくられた彫刻群や極彩色に彩られた彫像等により、さながらこの世に現存するかのごとく創り出された極楽浄土や天上界、理想郷は、見るものを圧倒せずにはおかない（①〜⑨）。まさしく人間の執念の産物ともいえ

象徴性を与える　内部空間を飾る　文様で飾る　**過剰に飾りたてる**　レイヤーをまとう

るものである。
また、「万物の創造主であるとされる神が、鳥や獣、昆虫等、自然界に存在するものに施したとされる色彩や形の妙を再現するがごとく、人間が創り出す建築物もまた自然の摂理に従ったものであるべきだ」という考えのもとに創られた異様とも見える造形は、一般の常識や通常の理解を超えて、強烈なインパクトを与える（⑩〜⑮）。
異様な形や色彩が織りなす過剰なまでの装飾物、異端ともいえる空間は、強烈な情念そのものによって創り出されているともいえる。

17 飾る　レイヤーをまとう

①②風の宮殿（インド）③スチャパ修道院（ルーマニア）④チェスターのロウズ（イギリス）⑤⑥アラブ世界研究所（パリ）太陽光の強さを自動的にコントロールするカメラの絞りのような装置が外壁面を覆っている。⑦ルイ・ヴィトン表参道（東京）⑧ディオール表参道（東京）⑨プラダ・ブティック青山（東京）菱形のガラスブロックで覆われた外壁を通して溢れる内部の照明が、都市の中に光のオブジェを出現させる。⑩ルイ・ヴィトン六本木ヒルズ（東京）直径10cmのガラスチューブ約3万個が巨大スクリーンを構成している。

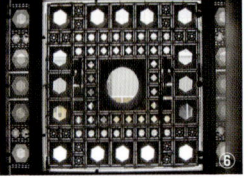

●──建築を構成する要素の中で、「ファサード」は直接視覚に訴えかけるという意味において重要な要素の一つである。建物の形態がもつ特徴に加えて、壁面に「装飾」を施すことによって、「ファサード」の表情はさらに多様なものとなる（①〜④）。かつての「装飾」が重々しく重厚であったのに対し、近代の建築において、柱や梁、耐力壁といった構造躯体から解放された壁面は、技術革新によってもたらされたスチールやガラスといった素材の新たな使い方を可能とし、近代のカーテンウォールを生み出した。ガラスやアクリル、幕といった素材を用いて、あたかも軽い薄衣をまとったようなスクリーン状の外皮を構成し、それらが幾重にも重なって

象徴性を与える　内部空間を飾る　文様で飾る　過剰に飾りたてる　レイヤーをまとう

表層をつくり出し、視覚的・感覚的な豊かさを醸し出している（⑤〜⑧）。さらに、かつての建築においてはほとんどなかった「人工的な光による効果」という要素が加わり、それらをコントロールし演出するという役割を与えられた外皮は、かつてない新たな表情を建築にもたらした。現代の技術革新を背景としたこれらの手法は、ショーウィンドを飾るディスプレイや街並みの看板・サイン等と並んで、ブランド・イメージを演出する手段であると同時に、都市の中の新たなるランドマークとしての役割も果たしている（⑨⑩）。現代における「装飾」は、これまでの装飾が意味するものを大きく変質させつつあるといえる。

18 象徴させる　場を象徴させる

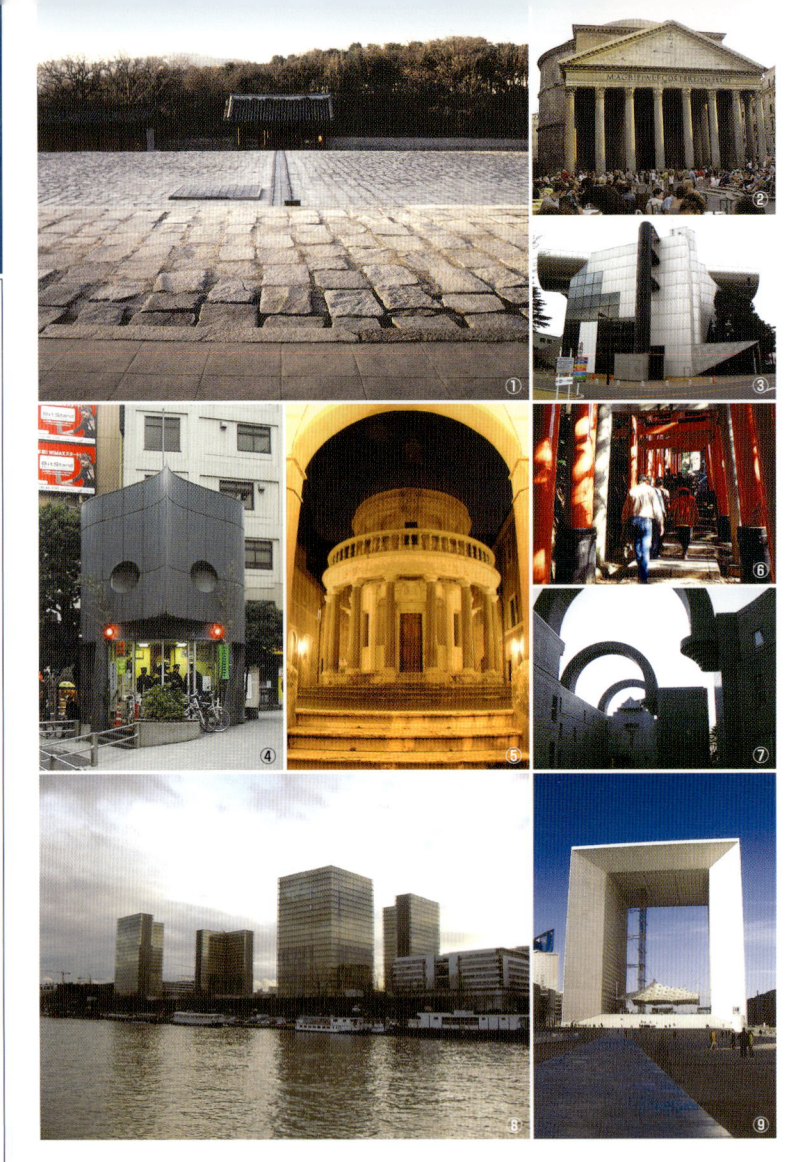

●──建築は地形といった場の特徴を写し取る、逆にまったく新しい意味を場に与えるといった一方向のプロセスだけでなく、建築と場の特徴を相互に強め合うように形づくることができる。これによって建築は場のもつ地形や歴史の特徴を明確な構成によって洗練させ、象徴する働きをもつ。

場を象徴する方法として広く見られるものの一つに、単純な幾何形態やシンメトリーの利用が挙げられる。反復性や水平性を用いた建築形態は、宗教や歴史の神聖さや場の固有性を象徴するわかりやすい例である（①〜⑤）。図となる空間を囲う、軸を覆うための地として形づくられた建築は、物的存在を超えた公共性や歴史等

場を象徴させる　思想・主張を象徴させる　メタファーを使う　技術を象徴させる

①宋廟（ソウル）水平性を強調。②パンテオン（ローマ）③東京工業大学百年記念館　単純な幾何形態による構成。④警視庁渋谷警察宇田川派出所（東京）シンメトリーを用いた形態の構成。⑤テンピエット（ローマ）⑥伏見稲荷大社の連続鳥居（京都市）⑦釧路市立東中学校　形態の反復による構成。⑧フランス国立図書館（パリ）エッジの構成によって空間を囲う。⑨グラン・アルシュ（パリ）⑩マラパルテ邸（イタリア）海への方向性を強調する形態。⑪TOD'S表参道ビル（東京）⑫⑬熊本県立天草工業高等学校

といった概念をイメージさせる働きをもつ（⑥〜⑨）。シンメトリーを崩し方向性をもたせた形態は、場が誘発する眺めるという行為の視線を象徴し、行為をさらに誘発させる（⑩）。通常、水平・垂直である構造体に複雑な樹木の形態をもたせた例は、建築形態の操作にとどまらない、構造という基本的な建築の在り方にまで立ち返ってつくられたものであり、さらにこれが外部の並木と建築に新たな関係をもたらすことにもなっている（⑪）。形態や構造による表現だけでなく、ガラスの透過性といった素材によっても、その特徴を効果的に用いることで場の光を象徴し、意識的に感じさせることができる（⑫⑬）。

18 象徴させる

思想・主張を象徴させる

①マスジェデ・エマーム(イラン)正面をメッカに向けた形態とアラベスク模様による装飾。②ワット・プラ・ケオ(バンコク) ③フィレンツェ大聖堂(イタリア) ④サン・ピエトロ広場(バチカン市国) ⑤シュレーダー邸(オランダ) 水平・垂直線と原色による構成。⑥カステル・ベランジェ(パリ) ⑦ギマール自邸(パリ) 植物的な曲線が用いられた形態。⑧ヴァイセンホーフ・ジードルンクのマルト・スタム棟(ドイツ) ⑨ヴァイセンホーフ・ジードルンク(ドイツ) ⑩遠友学舎(札幌市) 暖房負荷の低減をねらったデザイン。

●──建築の形態は、気候や地理的条件以上に、時代やつくり手の思想や主張によって決定され、これを象徴するものである。

20世紀以前の建築はおもに様式の変遷としてとらえることができ、その時代の国、宗教と対応づけられて理解されることが多い(①~④)。正面をメッカの方向に向け、アラベスク模様と呼ばれる平面装飾が施されたマスジェデ・エマームは、偶像崇拝の禁止といったイスラム教の思想を象徴している(①)。

19世紀になると、国、宗教に依存しない様式が模索される。単純な幾何形態や色彩によって構成されるデ・スティールや、日本の版画や自然の形態に影響を受け

場を象徴させる　思想・主張を象徴させる　メタファーを使う　技術を象徴させる

たアール・ヌーヴォーなどは、その中に位置づけられるだろう（⑤〜⑦）。
その後の近代建築は、今までの形態的な特徴ではなく、材料の選択や機能と空間構成といった観点も表現の対象とされ、工業化した社会の象徴としての建築の在り方が求められた（⑧⑨）。
以後、さまざまな思想、主張が発表されてきたが、これらは時代や社会よりも個人に対応づけられて理解されることが多い。その中でも、環境に関する表現が比較的共通して見られるようになってきたのは、地球規模の問題に対し、建築が果たすべき役割としての主張が求められているためといえるだろう（⑩）。

171

18 象徴させる　メタファーを使う

①〜③湘南台文化センター（神奈川）球体には劇場が納まる。駅前公園でもあり、瓦敷床には多様な記号が埋まっている。④メスキータ（スペイン）柱は寄せ集めで多様な文様が混在。⑤竜安寺石庭（京都市）7.5.3の石組は絶妙に配置される。⑥キジー島の木造建築（ロシア）約20の木造教会建築。⑦奈義町現代美術館（岡山）3人のための鞘堂。⑧アラブ世界研究所（パリ）窓のダイアフラムは光の明るさにより自動調整される。⑨⑩つくばセンタービル　ビル内にも饒舌なメタファーが多数ある。⑪岡山西警察署後ろ側の黒い箱に留置場を含めた警察機能が納まる。

● ——メタファー（metaphor）という語源は、meta（を超えて）＋pherein（運ぶ）というギリシャ語を語源とし、建築ではある本来の意味を別の意味へと移動させる修辞学の手法でよく用いられる。

乾燥地帯の礼拝堂では、オアシスを表現するため多柱によって森と木陰のメタファーが使われている（④）。日本独自の作庭技法では、乾いた白砂が水、小石が島のメタファーである（⑤）。現代建築においても、箱庭をメタルによってデザインした屋根が、森、緑、地球など環境と自然のメタファーに置き換えられている（①〜③）。また宗教建築においては、キジー島の木造建築のように、特異とも思える

172

場を象徴させる　思想・主張を象徴させる　**メタファーを使う**　技術を象徴させる

イコンは聖なる火、魂、胎内（生命）のメタファーなのである（⑥）。
近年ではポストモダンの建築に好まれて使われ、透明なブロックと黒のブロックによって警察署という機能を形態化している岡山西警察署（⑪）や、配置計画において南北軸や中秋の名月の方向、山への軸などを利用し、「月」「太陽」「大地」といったメタファーを用いた奈義町現代美術館（⑦）、国家の様式を歴史的広場の反転と様式のコラージュによって風刺したつくばセンタービル（⑨⑩）などがある。
カメラの絞りの機構が世界を見渡す目とイスラムの文様のメタファーとして意味掛けしたファサードの例も興味深い（⑧）。

18 象徴させる　技術を象徴させる

● ――建築において対象を象徴する場合には、その時代の最先端の表現となる場合がよくある。険しい岩場の石積み住居群と、鉄とガラスによるビル群は、どちらも「摩天楼」と呼ばれる美しい建築群であるが、これらは防御の象徴あるいは経済の象徴である（①②）。当時の技術を用いて、天への到達、儀式のための装置といった建築によって、神・権力・信仰・崇拝・交信・畏敬・威厳を象徴した事例には、ひたすら大きく、高く、どこまでも精緻な造作が行われており、現代においても驚愕に値する（④⑥〜⑨⑪⑫）。
また、形のないものを象徴した事例もある。音響を考慮して空隙を開けた状態の

174

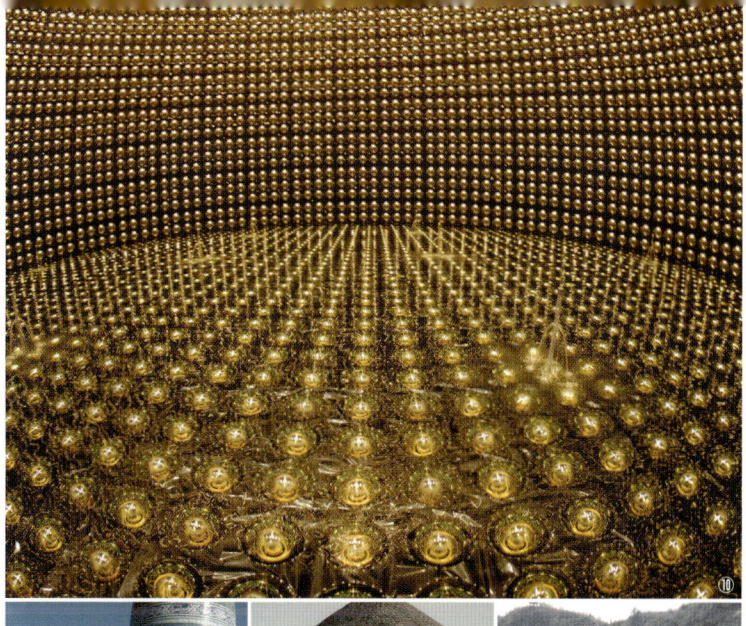

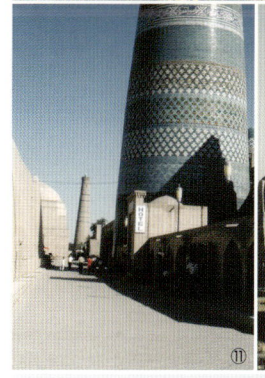

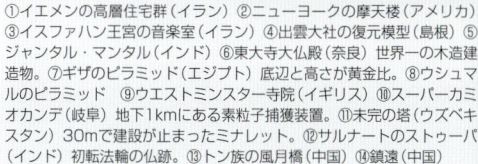

場を象徴させる　思想・主張を象徴させる　メタファーを使う　技術を象徴させる

①イエメンの高層住宅群（イラン）②ニューヨークの摩天楼（アメリカ）③イスファハン王宮の音楽室（イラン）④出雲大社の復元模型（島根）⑤ジャンタル・マンタル（インド）⑥東大寺大仏殿（奈良）世界一の木造建造物。⑦ギザのピラミッド（エジプト）底辺と高さが黄金比。⑧ウシュマルのピラミッド　⑨ウエストミンスター寺院（イギリス）⑩スーパーカミオカンデ（岐阜）地下1kmにある素粒子捕獲装置。⑪未完の塔（ウズベキスタン）30mで建設が止まったミナレット。⑫サルナートのストゥーパ（インド）初転法輪の仏跡。⑬トン族の風月橋（中国）⑭鎮遠（中国）

アーチドームに施された素晴らしい装飾は、見えないはずの音楽を象徴したものといえる（③）。山奥の村落で一番重要な交通の要である橋梁に、その地方の高度な技術によりつくられた架構は地域のシンボルであり、コミュニティを象徴している（⑬⑭）。一方、純粋に性能を追求しただけの単一目的の装置に、時として私たちは新鮮な空間を感じ象徴性を感じる。時には現代抽象彫刻のようであったり、華やかな舞台装置のようにも見える（⑤⑩）。コンピュータの解析によってはじめて可能になった複雑な曲面をもつ建築も近年多数登場しており、環境を象徴しようとする試みが始まっている。

19 自然を取り込む　地形を生かす

● ——地形を生かすことにより、外部の変化に富んだ自然を建築の空間と一体化して取り込むことができる。起伏をもった土地では、頂部からの見晴らしや雄大な景観を手に入れ、権力や富の象徴として神殿や寺院、別荘などが建てられた。特別な場所として位置づけられ眼下の街の風景を独占した（⑥〜⑩）。一方、漁村や港町など海と山が近接し、起伏をもつ地形に庶民が暮らす都市が発達した。狭小な土地に住居がひしめき合い、小路が有機的に住戸をつないでいる。地形を生かした小路は光や風の通り道であり、コミュニティの場となっている（⑪⑫⑭〜⑯）。近年では環境に対する配慮から地形を生かし、周辺の自然環境を有効に取り入れ

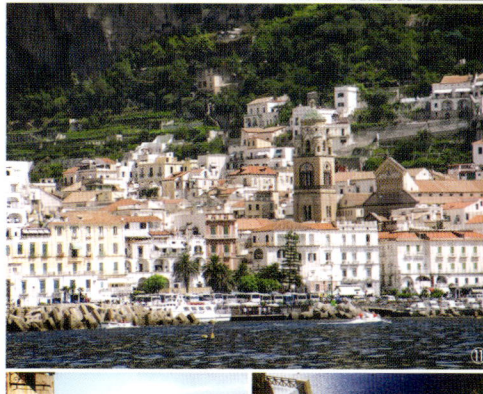

地形を生かす　風土になじませる　風景をつくる　風景を切り取る　光を取り込む　水を取り込む

①〜③岡崎市美術博物館　段差のある地形に合わせて一体化した美術館。スロープによって段差のバリアフリー化を図っている。④⑤イグアラナダ墓地(スペイン)　⑥アクロポリス(アテネ)　⑦落水荘(アメリカ)　⑧ポタラ宮(チベット)　ダライラマ5世以来、宗教、政治の重要な儀式が行われたチベット地域の中心地。⑨マラパルテ邸(イタリア)　ブリジット・バルドー出演の『軽蔑』の撮影場所に利用された場所。⑩ヴィラ・デステ(ローマ)　⑪⑫アマルフィ(イタリア)　⑬宮城県立図書館　⑭〜⑯サントリーニ(イタリア)　⑰淡路夢舞台百段苑(兵庫)

ようとする事例が多く見られるようになった(①〜⑤⑬⑰)。歴史的にみれば、世界のさまざまな地域において、人間は自然環境に適応した建築や都市空間を形成してきた。人々が地形や周辺地域の特性を生かし、その中で生活しやすいように、さまざまな建築的な工夫がなされ、通路や屋根の織りなす独特の構成形態が生まれた。地形という複雑な構成に有機的になじんだ建築は、自然と向き合い、自然ととけ込むことにより、人間の生活空間を巧みに獲得した努力と知恵の結晶である。急な崖や海岸、砂漠などの特殊な地形は、空間性を読み取り、生かすことで、魅力的でダイナミックな空間や景観がつくられている。

19 自然を取り込む　風土になじませる

● ——地域に根ざした集落は、古来より「地産地消」である。その土地特産の材料は気候や風土に長年なじんだ材料であり、自然環境や風土にとけ込んだ素朴で美しい集落を形成する。土地の気候、地形、地勢に対してどのように向き合って生活するか、先人の知恵や工夫により集落配置、形態、仕様材料などが決められた。周辺環境の地形や岩など環境を構成する要素の大きさに合わせ同化し、その一部であるようなたたずまいをもつものが多い。

乾燥した地域では身近な土などを日に干し壁を厚くし、風道をつくることによって太陽の暑さを和らげ涼をとる住居をつくる（③〜⑧）。日本のように多雨多湿の

178

地形を生かす　**風土になじませる**　風景をつくる　風景を切り取る　光を取り込む　水を取り込む

①②名護市庁舎（沖縄）308案よりTeam Zooの設計案が入選。立地条件、空調方式に頼らないこと、地場材料・技術の導入を条件に風の道、緑を導入した庁舎。③テングズグ村（ガーナ）④スルージュ（シリア）⑤⑥アルベロベッロ（イタリア）トゥルッリはこの土地で取れる石を平たくし、円錐形に積み上げた独特の形の住居。⑦⑧ドゴン集落（マリ）周りの地形と人々の団結力によって、外部からの文化の影響を受けず、比較的古い西アフリカの文化を継承する独自の世界観と宇宙観をもつ集落。⑨⑩伊根の舟屋集落（京都）⑪天竜市立秋野不矩美術館（静岡）

地域では、木材を利用し、庇は深く、床を上げ、柱・梁の空間をつくっている。漁村の生活が建築の中に取り込まれ、海と一体となった舟屋の家屋は日本の海辺風景にとけ込んでいる（⑨⑩）。それらはいずれも地域から取れた材料を使用することで風土の色になじむ。材料の多様化や設備の発達で風土に根ざした工法ではない形で建築がつくられ、風土になじんだ建築や集落は危機的状況にある。その一方、景観に配慮し多くの伝統的な方法やデザインモチーフを用いて現代の建築に応用し、風通しや日照を工夫することで風土になじませた建築の模索も進められている（①②⑪）。

179

19 自然を取り込む　風景をつくる

　●──建築やランドスケープなどの人工物が周辺環境に及ぼす影響は強く、その形態、デザイン、配置、周辺関係などのさまざまな要素が複合することによって、まるで一枚の絵画のような壮大な風景をつくり出すことがある。建築や造形物を中心にした風景は、人々がその周りを巡ることによって周辺環境との関係性や構成が変化し、さまざまな表情を見せてくれる。ランドスケープなど人工的につくられた風景は、周辺環境の文脈、成り立ちや構成を読み取り、把握することが重要である。手法としては、水平性の強い海岸部や平地等においては曲線や有機的な形態を用いる（⑥⑦⑨⑭）。垂直性が強く、有機的な形が多い山岳部においては

180

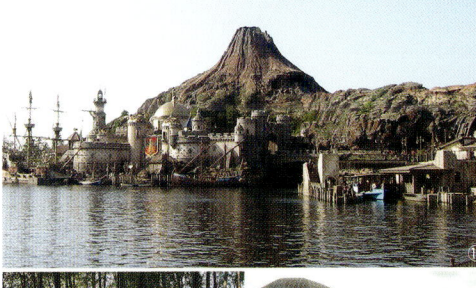

①〜⑤モエレ沼公園（札幌市）ごみ埋立地だったモエレ沼を、彫刻家イサム・ノグチのマスタープランに基づき公園として整備。標高62mのモエレ山などの盛り土には公共工事の建設残土を利用。⑥⑦新潟市民芸術文化会館　⑧植村直己冒険館（兵庫）地上部のガラス壁面には植村直己の生涯が刻まれている。⑨シドニーオペラハウス　デザインコンペで233案からの当選案。14年の歳月をかけて建設。シェル屋根にはタイル。⑩東京ディズニーシー（浦安市）⑪東山慈照寺（京都市）⑫⑬兵庫県立科学技術先端センター　⑭葛西臨海水族園（東京）⑮風の丘葬祭場（大分）

地形を生かす　風土になじませる　**風景をつくる**　風景を切り取る　光を取り込む　水を取り込む

直線を配することにより、建築と周辺環境との間に心地良い対比を生み、人工物と自然の両者を引き立てている（⑧）。周辺環境と連続性を考慮し、周辺の景観の構成と同じ要素をランドスケープにもたせ周辺環境と同化させる手法や、ランドスケープや建築を環境彫刻として扱い、バランスの良い「間」をつくり公園などに点在させる手法がある（①〜⑤⑮）。一方、中庭や塀、植栽などの境界によって周辺環境とは切り離し、独自の場の雰囲気を構築し完結させる手法もある（⑩〜⑬）。技術や素材の進歩により、ランドスケープの構成も多様なものとなり、斬新な風景が生まれてきている。

19 自然を取り込む 風景を切り取る

　　建築のおかれる環境の中で、窓などの開口はその方向や位置、さらに大きさやプロポーションを内部空間と外部空間の関係性を考慮しデザインされる。窓や開口からの風景は、空間の性格や雰囲気を決定づける重要な要素である。風景の切り取り方によりその風景の表情は一変する。今まで意識しなかった周辺の風景を魅力あるものに変える。見せたい風景以外をマスキングして視線を誘導し、象徴的に風景を引き立てる。窓や開口のデザインは意図的であり、操作的である。その手法には風景の多くを覆い、限定された風景に視線を集中させることを意図したものと、周辺の風景を建築と一体化するように緩やかに外部空間とつなぎな

地形を生かす　風土になじませる　風景をつくる　**風景を切り取る**　光を取り込む　水を取り込む

①②インド経営大学（インド）③④ブリオン・ヴェガ（イタリア）ブリオン家一族のための墓地。2つの円形窓は中世代のキリスト教の信仰対象となった幾何学記号。太陽と月、天と地、男と女などを表す。スカルパ最後の作品。⑤大徳寺孤篷庵・忘筌（京都市）⑥〜⑧サヴォア邸（フランス）⑨慈光院（奈良）⑩平等院宝物館（宇治市）鳳凰堂と同じ東向きに開いた大きな縁側。天井高1850mmと低い軒は金属製の屋根。⑪東福寺・雪舟庭園（京都市）座って景を楽しむように天井を低く抑えた広縁状の縁台。⑫後楽園流店（岡山）

がら風景を切り取るものがある。
前者の例として、円形などの象徴的な幾何学的形態の開口を閉鎖的な空間に用いることで、風景を劇的に際立たせているもの（①〜④⑪）、また通路の終点や折れ曲がりなどに風景をアイストップとして開口を配し、行動を誘導する効果をねらったものなどがある（⑥⑦）。後者の例として、庭の風景を広縁と庇などによる緩衝空間を内部と外部空間の間に配し、パノラミックに取り込むもの（⑤⑫）、さらに借景の手法により、風景として山などの遠景を効果的に取り込むことにより近景と組み合わせ、奥行感のある風景を操作的につくり出しているものがある（⑨⑩）。

19 自然を取り込む　光を取り込む

●——光は建築の空間を演出する最も根源的な要素である。光は闇の空間から物を浮かび上がらせ、認識させる効果的要素である。光の取り入れ方によって建築空間が多様に変化する。トップライトから光を取り込む、高窓から光を取り込む（②⑧～⑪）、地窓から光を取り込むなど、位置や大きさとデザインによって内部空間に光を取り込むさまざまな方法があり、光がもたらす効果はその空間をダイナミックに演出する。西欧では、組石造の厚い壁に開口を設けることは構造との闘いであり、長い間開口部を大きく設けることは技術的に困難であった。しかし、厚い壁面から内部に取り込む光にさまざまな工夫を凝らし、光と闇が織りなす美し

地形を生かす　風土になじませる　風景をつくる　風景を切り取る　**光を取り込む**　水を取り込む

①⑦ロンシャンの教会（フランス）②パンテオン（ローマ）③ノートルダム寺院（パリ）④オルタ邸（ブリュッセル）⑤淀看席（京都市）⑥コロニア・グエル教会（バルセロナ）⑧サン・ピエトロ大聖堂（バチカン市国）⑨ラ・トゥーレット修道院（フランス）⑩光の教会（春日丘教会）（大阪）⑪東京カテドラル聖マリア大聖堂　双曲放物面シェルによって構成された十字の平面で、トップライトからは内部の打ち放しコンクリートの空間に十字形の光が陰影をつくる。⑫ルーブル美術館・ガラスのピラミッド（パリ）⑬アラブ世界研究所（パリ）⑭ウィーン郵便貯金局

い空間を生み出した。技術の発達によって開口部が大きく取られるようになると、薔薇窓などの幻想的な空間がつくり出された（①③④⑥）。日本では、柱・梁の軸組構造による開口の取り方から、茶室では下地窓により内部空間の雰囲気を演出する要素として開口が取られ、ほのかな光を取り込んでいる（⑤）。近年では壁にガラスが多用されるようになり、空間は光が満ちたものになった（⑫⑭）。開口部は、遮光装置をもったもの、視線を制御するものなど、単に光を取り入れるだけでなく、他の機能を有するものに進化を遂げている（⑬）。「光はすべての存在を与えるもの」と建築家ルイス・カーンの言葉が示すように、建築空間と光は密接である。

185

19 自然を取り込む　水を取り込む

●——水は人間の感覚を刺激する。建築に水を取り込むことにより、建築空間は潤いや癒しのある魅力的な空間になる。海や川など自然のままの形で水を建築に取り込むことは難しい。水は人工的に制御された水路、池、滝、噴水として用いられることが多い。古くは、水を庭園に取り込むことで富や権力を象徴し人々を魅了した。一方、都市においては、街の中に水路を張りめぐらし生活網として整備し、今なお、役割を担っているところも多い（⑬）。

建築空間に水を取り込むことにより、建築は水面と空にはさまれた構成になる。視界は広がり、空と水を行き来する光は建築に表情を与える（①〜④）。光、風を可視

①〜④土門拳記念館（山形）池を中心とした回遊式庭園の形式を建物や展示空間の配置に取り入れた計画。⑤⑥サンアントニオ（テキサス）川を中心にスペインの古い街並みをコンセプトに街を開発。川の遊歩道の整備、万国博覧会開催、ホテルの建設、複合施設により全米屈指の観光都市となる。⑦⑧TIME'S（京都市）⑨〜⑪京都の川床　貴船では「川床（かわどこ）」と呼ぶ。大正時代を起源とし、参拝者などが一休みする際にもてなしたのが始まりという。⑫水の教会（北海道）⑬蘇州（中国）⑭拙政園（中国）⑮⑯後楽園流店（岡山）

地形を生かす　風土になじませる　風景をつくる　風景を切り取る　光を取り込む　**水を取り込む**

化し、水のゆらめきや反射した光が天井に波紋を映し、建築空間に自然の動きをほのかに感じさせてくれる（⑦⑧）。また、水面は空間を静的に変化させ、流れのある水は空間を動的に変化させる。日本の伝統的手法として、川などに床を張り出し水と一体となった空間は、涼を取り、聞こえる水音は心地良い（⑨〜⑪）。アプローチや中庭などへの視線や動線を誘導する手法（⑭⑮⑯）、倒景によって幻想的な風景をつくる手法（⑫）、憩いの場や水遊びを演出する手法（⑤⑥）、雑音を水音によりマスキングする手法など、水を取り込む手法はさまざまな効果を生み、多様な空間を演出できる。

20 時間を語る　物語を表現する

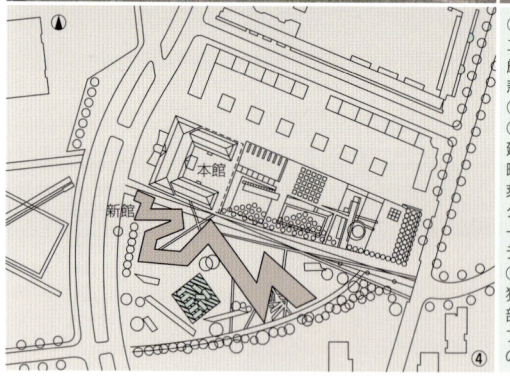

①②ベルリン・ユダヤ博物館　第二次世界大戦中、ナチスドイツの厳しい弾圧を受けたユダヤ民族の悲劇を表現した外観のデザイン。③同：内部空間　④同：配置図　⑤〜⑦水木しげるロード（境港市）建築の側壁に描かれた「妖怪群」と町角に立つ「ゲゲゲの鬼太郎」の彫刻。他に多くの水木漫画のキャラクター像が並ぶ。⑧東京ディズニーランド（浦安市）中心に立つシンデレラ城とメインキャラクター。⑨ダリ劇場美術館（スペイン）ダリ独特の表現をもつ外観。⑩同：内部空間の壁画。⑪グリーン・ゲイブルス（カナダ）小説「赤毛のアン」の家の忠実な再現。

● ——さまざまな建築や環境づくりの中には、小説や伝説、史実やファンタジーなどの物語を表現することをテーマとして行われるものがある。それらは、集合住宅や美術館などの独自の機能を有する場合であっても、むしろ背後にある物語ないしは物語性を表現することに重心を置いている。

第二次世界大戦下で受けたユダヤ民族の悲劇を、不規則に屈折する平面や壁に痛ましい引っかき傷のように付けられた窓やスリットで表現した建築（①〜④）や、映画のキャラクターやストーリーを独特の環境とエンターテイメントで表現したテーマパーク（⑧）、最愛の妻との生涯を表現すべくつくられた美術館（⑨⑩）などは

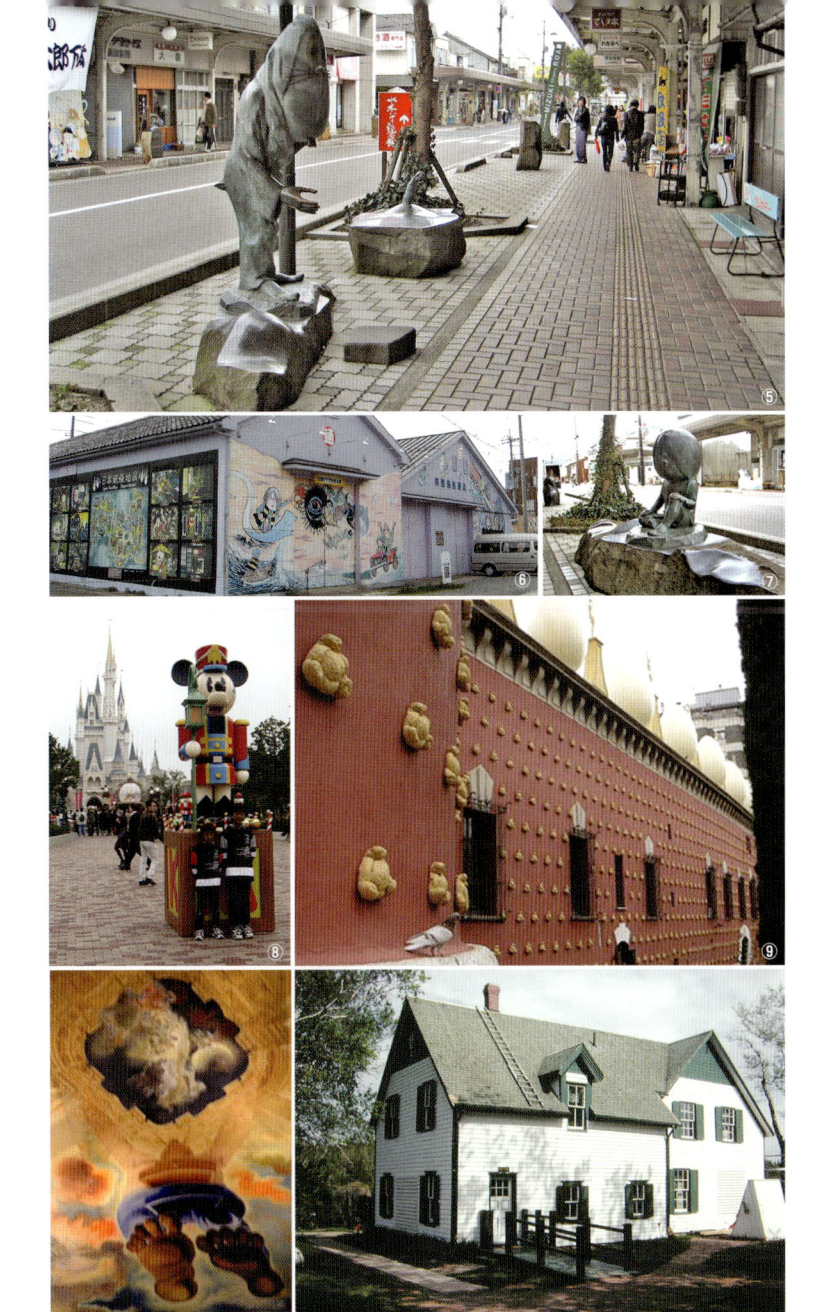

その好例である。さらに、小説の中に登場する住宅を忠実に再現した事例（⑪）や、漫画の主人公たちの彫刻をメインストリートに並べた街づくり（⑤～⑦）なども、このデザイン手法の適用といえるかもしれない。

20 時間を語る 宗教を形に表す

①②ワット・プラ・ケオ（バンコク）タイの仏教寺院。豊かな色彩と形態の陶器類で覆い尽くされた過剰ともいえる装飾。③同：建物を支える仏たち。④カオダイ教寺院（ベトナム）室内を埋め尽くす装飾類。⑤⑥カジュラーホの寺院（インド）外壁を埋めるエロティックな彫像。⑦⑧さざえ堂（会津若松市）独特の外観と二重螺旋のスロープに沿って仏像が置かれている内部。⑨サグラダ・ファミリア（バルセロナ）1882年着工、今も造り続けられている。⑩モルドヴィツィア修道院（ルーマニア）外壁を埋め尽くすフレスコ画。⑪リラ修道院（ブルガリア）回廊に描かれたイコン。

● ——宗教は、絶対的存在に対する人間の憧れや恐れに基づく精神世界の営みであり、その対象は神、仏などさまざまで、多くの宗教、宗派が生まれ、その存在意義を説く教えがある。それを建築的、空間的に表現したものが「宗教建築」である。人類は、わずかな例外を除き、どの時代もどの文化においても信仰と共に生きてきたのであり、宗教は建築を発展させる最大の原動力であった。したがって、どの宗教をとっても魅力的な建築の多くの事例があり、選別に苦慮するほどである。しかも、それらの多くは、信仰を離れても私たちにさまざまなことを語りかけてくる存在である。東大寺やサン・ピエトロ大聖堂に見るような圧倒的な大きさや、

物語を表現する　**宗教を形に表す**　引用する　歴史を取り込む　記憶を引き継ぐ

ゴシックカテドラルや五重塔に表現された天を突く高さは、宗教のもつ偉大な力を示している。さらには、外部や内部の壁面を埋め尽くすような過剰な装飾（①〜④）や、さまざまな彫像の配置（⑤⑥）、さらにはイコン（聖人像）に満ちたフレスコ壁画をもつ東方キリスト教会（⑩⑪）は、いずれも見るものをたじろがせるほどの迫力に満ちている。また、実際に現地を巡ることのできない信者に対して、巡礼路をコンパクトに集約した独特の表現形態をもつ建築がつくられたり（⑦⑧）、他宗教の教会を転用したユニークな教会ができたり、建築し続けることで信仰を表わそうとする建築（⑨）など、宗教建築の表現は多様性に富んでいる。

191

20 時間を語る

引用する

●──建築や環境をデザインする場合に、そのモチーフやエレメントを歴史上で行われたデザインから引用する手法は、歴史時代を通じて行われてきたが、80年代に最盛期をもつポストモダン建築にとっては、それを特徴づけるともいえる常套手段であった。さらにこの引用は、過去のデザインだけでなく、地球上に刻まれた自然の形態、もしくは宇宙の秩序などにまで求められるようになっていく。
この手法の適用事例は、寺内町の路地パターンを広場の舗装に使ったデザイン(①〜③)、同じく環濠の引用(④)、過去の名建築や神話からの引用(⑤⑥)、惑星の軌道や幾何学図形の組合せ(⑦⑧)、ルネサンスの広場からの引用(⑨⑫)、湖の形

192

物語を表現する　宗教を形に表す　**引用する**　歴史を取り込む　記憶を引き継ぐ

①〜④コスタミラにしきのはま（貝塚市）中央広場の舗装パターンに願泉寺寺内町の町割りを引用。環濠を模した団地周辺を巡る水路。⑤⑥ピカソアリーナ（フランス）ルドゥー引用の円筒形集合住宅と、ギリシャ神話引用を示す回廊。⑦⑧愛媛県総合科学博物館（新居浜市）ホールの床面に写された太陽系惑星軌道図と、幾何学形態による建築群。⑨〜⑫つくばセンタービル　カンピドリオ写しの広場パターン。霞ヶ浦引用の人口滝（⑩）。オースマンのパリ計画からの軸線とアイストップ（⑪）。⑬⑭アブラクサス（フランス）古代神殿からの引用でオーダーを強調。

状を模した滝（⑩）、軸線とアイストップのデザイン（⑪）、古代のオーダーを強調した建築（⑬⑭）など、枚挙にいとまがない。この手法は建築に物語性を与える効果があるが、下手をすると一人よがりになりかねない。

193

20 時間を語る

歴史を取り込む

●──「歴史を取り込む」とは、本来の役割を終えた歴史的建築物を、建築の保存と活用を目的として新たな用途に転換したり、機能を拡充したりする手法である。長い時間的経過と社会的変化により、本来の機能の存在意義を失った歴史的建築物は、そのほとんどが取り壊され、新たな建築に建て替えられる。しかし、歴史的建築物に文化財としての価値を見出したり、地域の産業、文化に関わっていたり、特徴的なランドマークとして愛着や親しみをもつという、人々の心情により歴史的建築物の保存を望む声があるという問題も起こるであろう（⑧〜⑫）。
その場合、建築をそのままの形で保存するのは難しく、建築の一部を残し、新た

物語を表現する　宗教を形に表す　引用する　**歴史を取り込む**　記憶を引き継ぐ

①〜④千葉市立美術館・中央区役所　石造の旧美術館を大きなガラスの外壁の中に取り込む。⑤〜⑦サッポロファクトリー（札幌市）レンガ造のビール醸造所を大型ショッピングモールへ再生。⑧〜⑩ガゾメーター（ウィーン）レンガ造のガスタンクを産業遺産として保存しつつ、内部を集合住宅、ショッピングセンター等に転用している。⑪倉敷アイビースクエア　レンガ外壁の旧工場建築をホテルに再生したリノベーションの先駆的事例。⑫国際こども図書館（東京）石造の建築にガラス壁面を組み合わせている。⑬小樽運河　埋立て構想を覆し、保存・再生を実現した運河モールと倉庫群。

な機能をもつ建築の中に取り込む「リノベーション」という手法がとられることが多い。歴史的建築物のファサードはそのままに、内部をカフェや店舗として転用するものや、構造補強をしたうえで新たな大型建築と組み合わせた複合施設として再生する方法（⑤〜⑦）や、歴史的建築物をガラス外壁の内部に保存する形で新しい建築に取り込む（①〜④）など、さまざまな方法がある。

都市的スケールで残る歴史的空間も、一部を遊歩道として整備し、カフェ・店舗などの機能と組み合わせて新しい空間として活用するなど、変化する環境の中に取り込まれ、歴史的建築物が都市の一部として残るケースが見られる（⑬）。

20 時間を語る　記憶を引き継ぐ

●——場所や建築や都市について、そこに関わる人々の記憶に強く残る出来事が起こった場合、その記憶を未来に引き継ぐためのデザインが行われることがある。それが市民や広くは人類にとって悲しい出来事の場合でも、建築やモニュメントとして残すことで、再び同じようなことが起こらないという願いが込められている。辛い記憶を表現しながらも、未来への夢や発展を失わないという想いも込められている。具体的なデザインの方法は、出来事そのものを視覚化したり（⑬）、その場所に記念碑的な建築を建てたり（①〜④）、遺留物や関連文書を保管する記念施設の建設（⑦⑧）や、祈りの場の創造（⑨〜⑫）などが多いが、都市全体を在りし日の姿に復

物語を表現する　宗教を形に表す　引用する　歴史を取り込む　**記憶を引き継ぐ**

①グランド・ゼロ(ニューヨーク)　9.11モニュメントの模型。②同：配置図　③④テロ攻撃で消滅する前のワールドトレードセンター(③)と、消滅後のマンハッタン(④)。⑤⑥ワルシャワ旧広場(ポーランド)　第二次世界大戦で破壊される前の状態に復元された広場(⑤)と、その角に一部残る原建築(⑥)。⑦広島平和記念公園　世界遺産となった原爆ドームを惨劇の象徴として保存。⑧同：慰霊碑と広島平和記念資料館　⑨国立長崎原爆死没者追悼平和祈念館の入口外観(夜景)。⑩同：配置図　⑪⑫同：祈りが捧げられる内部空間。⑬神戸震災モニュメント

元する場合もある(⑤⑥)。どの場合も、機能よりは象徴性が重視されるのが特徴で、現在盛んに行われている街並み保存は、象徴的な意味よりは生活の継続に力点が置かれているので、記憶の継承というより歴史を取り込むデザインといえよう。

[執筆／写真・図版提供／協力]

1) 章タイトルの後の記載は，各章のコーディネート担当者を示す．
2) 執筆者名の後の丸数字は，写真・図版提供者を示す(執筆者本人によるものは省略)．
3) 日本建築学会編『空間体験―世界の建築・都市デザイン』，『空間演出―世界の建築・都市デザイン』，『空間要素―世界の建築・都市デザイン』(井上書院刊)からの引用写真については，書名を省略し撮影者名を記載．

1 立てる ─────────────────────────────────── 福井 通

[中心に立てる] 福井 通　⑪⑫東國 肇
[高々と立てる] 本間義章　①津田良樹／②③⑧⑮福井 通／⑤東國 肇／⑨梅澤弘樹
[周域に立てる] 腰越耕太　①～⑩福井 通／⑪～⑭中山敏明
[林立させる] 福井 通　⑩大川三雄
[連続して立てる] 福井 通

協力　腰越耕太，白井克典，新関浩正，松原一行，山崎裕也，包 慕萍

2 覆う ─────────────────────────────────── 安原治機

[自然で覆う] 安原治機　①～③⑪赤木徹也／④八代克彦／⑤車田 保
[光とともに覆う] 安原治機　③～⑤⑦⑨～⑬赤木徹也／⑭海谷 寛
[柔らかく覆う] 安原治機　①～⑧赤木徹也
[街路・広場を覆う] 安原治機　②③日色真帆／④⑤初田 享／⑦～⑬赤木徹也
[軽く覆う] 安原治機　①②新建築写真部／③⑥⑤赤木徹也

協力　佐藤憲一，豊川仁喜，中村 彰

3 囲う ─────────────────────────────────── 土肥博至

[全体を囲う] 石井清巳　①③～⑤⑦～⑫土肥博至
[緩やかに囲う] 黒川 茜　①～④⑧⑩⑪土肥博至／⑤齋木崇人／⑦福本佳世／⑨赤木徹也／⑫石井清巳
[仮に囲う] 石井清巳　①④⑧⑩土肥博至／⑤カルロス・アルベルト・モンタニヤ・オイオス／⑨志村真紀
[領域を表す] 黒川 茜　①⑨⑩⑫⑬土肥博至／③④⑭石井清巳／⑪齋木崇人
[中央空間をつくる] 伊藤真貴　①～⑤⑥⑩⑪土肥博至／⑦⑨石井清巳
[囲わない] 石井清巳　①②⑧⑩～⑭石井清巳／④～⑦土肥博至

協力　山岸千夏

4 積む ─────────────────────────────────── 積田 洋

[同じ要素を積む] 積田 洋・鈴木弘樹　①関戸洋子／②④⑥⑦⑩⑪積田 洋／③鈴木弘樹／⑧⑫⑬田中 匠／⑨濱本紳平
[異なる要素を積む] 積田 洋・鈴木弘樹　①②④～⑥⑪積田 洋／⑦⑧楢崎恭介／⑨津田良樹／⑩鈴木弘樹
[層を重ねる] 積田 洋・鈴木弘樹　①②新建築写真部／④⑤濱本紳平／⑥⑧⑩積田 洋／⑦⑨⑪～⑬中山誠健

執筆／写真・図版提供／協力

［基壇の載せる］積田 洋・鈴木弘樹　①⑧鈴木弘樹／②昭和女子大学芦川研究室／
③濱本紳平／④田中 匠／⑤スラズ・プロダン／⑥⑩北川典義／⑦積田 洋／⑨大濱直子
［ずらしながら積む］積田 洋・鈴木弘樹　①中山誠健／②③田中 匠／④栗生 明／
⑤〜⑦積田 洋／⑧⑩⑪鈴木弘樹
［ランダムに積む］関戸洋子　①〜④⑥田中朋久／⑦新建築写真部／⑧⑨積田 洋／
⑩楢崎恭介

協力　中山誠健，濱本紳平，スラズ・プロダン，田中 匠，田中朋久，楢崎恭介

5 組む ─────────────────────────── 鈴木信弘

［格子で組む］鈴木信弘　①福井 通／④津田良樹／⑥梅野圭介／⑦⑧永井咲子／
⑨小野寺 淳
［トラス・スペースフレームでつくる］鈴木信弘　⑤府中拓也／⑩志水英樹
［面でつくる］鈴木信弘　①下村 純／④⑥是永美樹／⑤斎藤公男
［ボリュームでつくる］鈴木信弘　④⑤大佛俊泰
［組み立てる］鈴木信弘　⑧塚本由晴／⑩下村 純

協力　有馬沙耶香，大澤薫子，湯田幸伸

6 掘る・刻む ─────────────────────────── 積田 洋

［掘り下げる］積田 洋・鈴木弘樹　①〜③花里真道／④〜⑥⑩⑪鈴木弘樹／
⑧⑨八代克彦／⑫福本佳代／⑭⑮積田 洋／⑯〜⑱ナカサ＆パートナーズ
［横に掘る］積田 洋・鈴木弘樹　①〜④磯村真諭／⑥〜⑧栗生 明／⑨〜⑪⑯北川典義／
⑫⑬花里真道／⑭⑮積田 洋
［刻む・切り取る］積田 洋・鈴木弘樹　①〜③磯村真諭／⑤⑦鈴木弘樹／⑥⑧積田 洋／
⑨⑩田中朋久／⑪〜⑬花里真道／⑭〜⑰鈴木弘樹
［地下空間をつくる］積田 洋・鈴木弘樹　①〜④新建築写真部／⑥⑦ナカサ＆パートナーズ／
⑧〜⑩鈴木弘樹／⑪藤田美央

協力　中山誠健，濱本紳平，スラズ・プロダン，田中 匠，田中朋久，楢崎恭介

7 並べる ─────────────────────────── 金子友美

［均等に並べる］金子友美　③積田 洋／⑭横濱久美子
［リズムをつくる］佐野奈緒子　①横濱久美子／②⑨金子友美／③⑤⑦宗方 淳／
⑥安原治機／⑧昭和女子大学芦川研究室
［集中させて並べる・分散して並べる］金子友美　⑦⑨金尾元子／⑧東京大学生産技術研
究所藤井明研究室／⑪⑬八木香代／⑫丹生多美／⑮昭和女子大学芦川研究室
［秩序をつくる］金子友美　②鈴木弘樹／⑦芦川 智／⑨昭和女子大学芦川研究室

協力　丹生多美，横濱久美子，井村友香，大高 梓，奥津桃子，金井直子，蟹由京子，
　　　佐々木羽衣子，濱口亜希子，中山なつみ，樋原聡美，萬方里美

8 整える ─────────────────────────── 大佛俊泰

［幾何学で整える］星野 雄・大佛俊泰　①〜⑨⑪⑫大佛俊泰
［比例・比率で整える］中田由美・大佛俊泰　①〜④⑦〜⑨⑪大佛俊泰／⑤星野 雄／
⑥鎌田詩織／⑩森本 亘
［軸線を通す］鎌田詩織・大佛俊泰　①②⑤⑦〜⑩大佛俊泰／④井上 猛／⑥星野 雄
［シンメトリーにする］星野 雄・大佛俊泰　①〜⑧⑫⑬大佛俊泰／⑨島田 廉／⑪中田由美

199

［グリッドでつくる］島田 廉・大佛俊泰　③④⑥大佛俊泰／⑧藤井晴行／⑩小川将克／
⑪廣野雄太／⑫中田由美

協力　大谷郁子，安藤一将，井上 猛，田浦智美，水島 信

9 区切る ─────────────────────────────── 福井 通

［壁で区切る］福井 通
［幅で区切る］冨井正憲　②③デルファイ研究所／⑦⑬新建築写真部／⑧福井 通
［レベル差で区切る］冨井正憲　①〜③⑤⑭福井 通／⑥元離宮二条城事務所所蔵／
⑦平井 聖（断面パース復元）／⑬新建築写真部
［記号・装置で区切る］津田良樹　①東京国立博物館所蔵／②鈴木信弘／⑩CENTRAAL
MUSEUM UTRECHT／⑪⑫新建築写真部／⑯本間義章
［曖昧に区切る］津田良樹　⑪鈴木信弘／⑫本間義章

協力　中山敏明，白井克典，武川卓也，利根川 裕，田兼雄介，千葉神奈子

10 混ぜる ────────────────────────────── 横山勝樹

［カオスを表現する］関戸洋子　⑮小林茂雄／⑰横山勝樹
［まだらにする］斉藤 理　②安藤洋平／⑪赤羽千春
［複数のコードを使う］日色真帆
［コラージュする］日色真帆　②多羅尾直子／③津田良樹
［スタイルを混ぜる］斉藤 理　③〜⑤赤羽千春／⑪安藤洋平

11 つなぐ ────────────────────────────── 山家京子

［動線でつなぐ］佐々木一晋　⑦⑧石井啓輔／⑮山家京子／⑰⑱福井 通
［空中をつなぐ］佐々木一晋　⑩日色真帆／⑪山家京子／⑬⑭福井 通
［分節してつなぐ］佐々木一晋　⑩多羅尾直子／⑫小林美紀／⑬日色真帆／⑭⑮⑯福井 通
［上下をつなぐ］山家京子　①②④⑨〜⑫佐々木一晋／⑤⑥石井啓輔／⑧日色真帆／
⑬〜⑮福井 通／⑯安原治機
［緩やかにつなぐ］山家京子　①②⑥⑪佐々木一晋／シーラカンスアンドアソシエイツ／
⑦〜⑩福井 通／⑫ワークステーション

協力　石井啓輔，井口惠之，今西美緒，内田仁美，荻原由美，中尾亜弥，武石 遙，
　　　遠藤大輔，佐々木繭子

12 対比させる ──────────────────────────── 金子友美

［形態を対比させる］金子友美　⑨金尾元子
［明暗をつける］金子友美　④〜⑥横濱久美子
［開閉で対比をつくる］佐野奈緒子　①④新建築写真部／②③横濱久美子／⑤CENTRAAL
MUSEUM UTRECHT
［色彩で対比させる］金子友美
［新旧を対比させる］佐野奈緒　①④⑥⑦金子友美／②③安原治機／
⑤東京大学香山研究室／⑧積田 洋

協力　丹生多美，横濱久美子，井村友香，大高 梓，奥津桃子，金井直子，蟹由京子，
　　　佐々木羽衣子，濱口亜希子，中山なつみ，樋原聡美，萬方里美

執筆／写真・図版提供／協力

13 変形させる ─────────────────────────────── 大佛俊泰

［曲げる］鎌田詩織・大佛俊泰　①〜④⑥〜⑪⑭⑯大佛俊泰／⑤⑮小川将克／⑫鎌田詩織
［ずらす］井上 猛・大佛俊泰　①③④⑥〜⑪大佛俊泰／②⑭井上 猛／⑤鎌田詩織／⑬⑮星野 雄
［崩す］中田由美・大佛俊泰　①③⑤〜⑧⑩〜⑫大佛俊泰／②施 怡／④中田由美
［うねらせる］島田 廉・大佛俊泰　①②④〜⑪⑬〜⑮大佛俊泰／⑫島田 廉
［軸をふる］井上 猛・大佛俊泰　①池谷友宏／②③⑥⑧⑨井上 猛／⑤⑪大佛俊泰／⑫小川将克

協力　大谷郁子，安藤一将，星野 雄，水島 信

14 浮かす ──────────────────────────────── 林田和人

［全体を浮かす］髙柳英明　①〜⑦⑪⑫萩内伸彦／⑩遠田 敦／⑬金山健一
［一部を浮かす］髙柳英明　⑦日色真帆
［水に浮かす］髙柳英明　⑩鈴木葉子
［吊って浮かす］髙柳英明
［突き出す］髙柳英明　⑨遠田 敦

15 透かす・抜く ────────────────────────────── 安原治機

［物を通して透かす］赤木徹也
［間を透かす］赤木徹也
［水平に抜く］赤木徹也
［垂直に抜く］赤木徹也

協力　明山泰之，岩崎裕二，犬塚聡敬，大田絵美，窪野良太，乙顔謙司，佐藤憲一，總見陽介，森野和彬

16 動きを与える ────────────────────────────── 横山勝樹

［ボリュームで動きをつくる］横山勝樹　①大沢春美／⑤⑥関戸洋子
［面で動きをつくる］横山ゆりか　⑪関戸洋子
［景を転換する］斉藤 理　⑤⑨⑬安藤洋平
［人の流れをつくる］斉藤 理　⑬安藤洋平／⑭⑮齋藤織江

17 飾る ──────────────────────────────── 柳田 武

［象徴性を与える］柳田 武　②土肥博至／③大川三雄／④大佛俊泰／⑥福井 通／⑦重枝 豊／⑧⑨藤井 明
［内部空間を飾る］柳田 武　①〜③福井 通／④⑥〜⑩大佛俊泰／⑤土肥博至／⑪横田隆司
［文様で飾る］柳田 武　①②八木幸二／③④安原治機／⑤〜⑦松本直司／⑧福井 通／⑪積田 洋／⑫〜⑭金子友美
［過剰に飾りたてる］柳田 武　①②小林美紀／③④⑥〜⑧福井 通／⑤藤森照信／⑨積田 洋／⑬佐藤美里
［レイヤーをまとう］柳田 武　①②冨井正憲／③福井 通／④横田隆司

18 象徴させる ─────────────────────────────── 鈴木信弘

［場を象徴させる］木下芳郎　①⑫⑬鈴木信弘／②⑤⑩宮崎昭子／⑧⑨武田新平

201

［思想・主張を象徴させる］木下芳郎　③④宮崎昭子／⑤田口陽子／⑥⑦武田新平／⑧⑨三浦彩子
［メタファーを使う］鈴木信弘　④土肥博至／⑥⑪福井 通
［技術を象徴させる］鈴木信弘　①〜③⑤⑧⑪〜⑭福井 通／⑩東京大学宇宙線研究所 神岡宇宙素粒子研究施設

協力　青柳大樹，武田真理子，中山明宣，吉野智恵美

19 自然を取り込む ─────────────────── 積田 洋

［地形を生かす］積田 洋・鈴木弘樹　①②ナカサ＆パートナーズ／④⑤楢崎恭介／⑥⑩〜⑬積田 洋／⑦大川三雄／⑧福井 通／⑨栗生 明／⑭〜⑯中井崇義／⑰鈴木弘樹
［風土になじませる］積田 洋・鈴木弘樹　①積田 洋／③④⑦⑧北川典義／⑤⑥鈴木弘樹／⑨〜⑪楢崎恭介
［風景をつくる］積田 洋・鈴木弘樹　①②土肥博至／③④花里真道／⑥⑦⑪〜⑮積田 洋／⑧ナカサ＆パートナーズ／⑨鈴木弘樹／⑩濱本紳平
［風景を切り取る］積田 洋・鈴木弘樹　①②⑥⑦⑨⑩⑫鈴木弘樹／③④楢崎恭介／⑤積田 洋／⑪田中朋久
［光を取り込む］積田 洋・鈴木弘樹　①④〜⑥⑫⑭積田 洋／②中山誠健／③⑧⑨⑪⑬濱本紳平／⑩楢崎恭介
［水を取り込む］積田 洋・鈴木弘樹　①〜③⑦⑫〜⑭積田 洋／⑤⑥花里真道／⑧中山誠健／⑨〜⑪濱本紳平／⑮⑯鈴木弘樹

協力　中山誠健，濱本紳平，スラズ・プロダン，田中 匠，田中朋久，楢崎恭介

20 時間を語る ─────────────────── 土肥博至

［物語を表現する］土肥博至　③井岡靖樹／⑤〜⑦石井清巳／⑧平野奈々／⑨⑩三上菜穂子
［宗教を形にする］山岸千夏　①〜③伊藤真貴／④〜⑥福井 通／⑦⑩⑪土肥博至／⑧柳田 武／⑨大佛俊泰
［引用する］土肥博至　②石井清巳／⑦⑧黒川茜
［歴史を取り込む］山岸千夏　①③④⑫石井清巳／⑤〜⑪⑬土肥博至
［記憶を引き継ぐ］伊藤真貴　①井岡靖樹／④小西孝子／③⑤〜⑧土肥博至／⑨ナカサ＆パートナーズ／⑪⑫石井清巳

協力　石井清巳，黒川 茜

［引用文献］

3頁 ⑬ "El Croquis 112/113：Jean Nouvel 1994-2002" El Croquis Editorial，2003，p238-239，photo
3頁 ⑭ 同上，p246，Levels under dome，Top management/North-South section
3頁 ⑮ 同上，p240，Ground floor plan-hall
4頁 ⑥ Adolf Loos/August Sarnitzk "Adolf Loos：1870-1933" TASCHEN, 2003, p56, Presentation Drawing
4頁 ⑦ Van Der Rohe, Mies/Riley, Terence／Mies Van Der Rohe, Ludwig/Bergdol "Mies in Berlin" Museum of Modern Art, 2001, p187, View of model
5頁 ⑭ 『新建築』2004年9月号，新建築社，114頁，平面・断面図
7頁 ⑮ 『a+u』1996年10月号，エー・アンド・ユー，19頁，コートヤード・レヴェル平面図
7頁 ⑯ 同上，22頁，サンクン・ガーデンを通る長手方向断面図
7頁 ⑰ 同上，22頁，サンクン・ガーデンを通る短手方向断面図
9頁 ⑨ 『新建築』1997年4月号，新建築社，102頁，断面図
11頁 ⑫ 『建築学報』2004年9月号，中国建築学会，37頁，主楼剖面図
34頁 ⑤ 日本建築学会編『日本建築史図集』彰国社，1980年，13頁，図5
36頁 ③ 『新建築』1986年1月号，新建築社，149頁，図
38頁 ③ 『新建築』1996年11月，新建築社，174頁，断面図
43頁 ⑨ 『新建築』1999年9月，新建築社，85頁，第Ⅰ期から第Ⅲ期までの構成を示すアクソメ図
44頁 ⑤ Francesco Dal Co，Kurt W.Forster；building deseriptions by Hadley Arnold "Frank O. Gethry：The Complete Works" The Monacelli Press，1998，p484，West elevation
56頁 ⑦ 世田谷美術館カタログより
58頁 ⑤ Bussagli，Mario "Oriental Architecture I：India, Indonesia, Indochina (History of World Architecture)" Rizzoli International Publications，1989，p73，91. Ajanta，caves，plan of the complex
60頁 ④ 同上，p71，87. Ellora，Kailasanatb，elevation，transverse section，and plans
62頁 ⑤ 『新建築』2004年9月号，新建築社，70頁，配置図
65頁 ⑬ 『GA DOCUMENT EXTRA 10 BERNARD TSCHUMI』エーディーエー・エディタ・トーキョー，1997年，39頁，Axonometric
66頁 ④ Pierre-alain Pantz（URL：http://194.185.232.3/works/037/pictures.asp）
73頁 ⑩ 日本建築学会編『西洋建築史図集』彰国社，1953年，20頁，図5・6
75頁 ⑫ 日本建築学会編『日本建築史図集』彰国社，1980年，98頁，図2
76頁 ③ KENZO TANGE ASSOCIATES "KENZO TANGE ASSOCIATES OFFICIAL SITE" は行・広島平和公園（URL：http://www.ktaweb.com/works/index2.html）
79頁 ⑩ 谷川正己『図面で見るF. L. ライト 日本での全業績』彰国社，1995年，88頁，1階平面図
80頁 ① 都市史図集編集委員会編『都市史図集』彰国社，1999年，6頁，図3
80頁 ② 同上，4頁，図1
80頁 ⑤ AACESSMAPS.COM（URL：http://www.aaccessmaps.com/show/map/manhattan）
81頁 ⑨ 渕上正幸著，ギャラリー・間編『ヨーロッパ建築案内 1』TOTO出版，1998年，56頁，図2
82頁 ⑥ ロジャー・H・クラーク他，倉田直道・倉田洋子訳『建築フォルムコレクション』集文社，1998年，185頁，図14
83頁 ⑬ "El Croquis 121/122：sanaa sejima + nishizawa 1998-2004" El Croquis Editorial，2004，p74，Main floor plan
85頁 ⑭ 橋本純『日本の建築空間』新建築社，2005年，363頁，拝殿平面

85頁	⑯	Jennifer Sigler "S.M.L.XL" MONAGELLI PRESS，2002，p923，The strips
86頁	⑨	橋本純『日本の建築空間』新建築社，2005年，361頁，拝殿断面
86頁	⑩	同上，361頁，拝殿平面
87頁	⑫	W. Boesiger et O. stonorov "LE CORBUSIER oeuvre complete 1910-29" LES EDITIONS D'ARCHITECTUR，1974，p23，L'ssatur standard《dom-ino》
87頁	⑮	ギャラリー間・小巻 哲『この先の建築』TOTO出版，2003年，227頁，House of "cloud" 藤本壮介 2001-2002年計画
92頁	⑤	"El Croquis 117：Frank Gethry 1996-2003" El Croquis Editorial，2003，p128，First floor plan
103頁	⑭	Brawne，Michael/Frederiksen，Jens（PHT）"Jorgen Bo，Vilhelm Wohlert：Louisiana Museum，Humlebaek" Ernst J Wasmuth，1993，p18（右下図）
103頁	⑯	二川幸夫『妹島和世読本－1998』エーディーエー・エディタ・トーキョー，1998年，212頁，1階平面図
104頁	⑤	『SD9401 原広司』平成6年1月号，鹿島出版会，96頁，Ease-West section
105頁	⑫	亀井文庫『ピラネージ版画集 Opere di Giovanni Battista Piranesi, Francesco Piranesi e d'altri』パリ，フィルマン・ディド兄弟出版社，1835～1839年，8巻「第2部 想像による牢獄－I.「想像による牢獄」扉」，図・19葉
106頁	⑥	Meier, Richard/Frampton, Kenneth "Richard Meier Architect 2：1985/1991" Rizzoli International Publications，1991，p358，The spectacular site of the Getty Site plan
107頁	⑰	日本建築学会編『コンパクト建築設計資料集成 第2版』丸善，1994年，163頁，ギルモント小学校・配置図
108頁	⑦	青木淳・保坂健二朗・ムスタファヴィ，モーセン『青木淳 JUN AOKI COMPLETE WORKS 1 1991-2004』INAX出版，2004年，459頁，Section
110頁	⑤	『新建築 住宅特集』2003年2月号，新建築社，32頁，1階平面図
111頁	⑬	『新建築』2000年5月号，新建築社，129頁，Cタイプ平面図
112頁	⑤	『新建築』1990年7月号，新建築社，213頁，西立面図
117頁	⑨	『建築知識』1996年6月号，エクスナレッジ，169頁，図3
123頁	⑬	『新建築』1993年6月号，新建築社，226頁，7階平面図
125頁	⑫	『新建築』1966年12月号，新建築社，161頁，基準階平面図
127頁	⑨	法隆寺・パンフレットより（裏表紙，法隆寺境内平面図）
128頁	③	オーロラ・クイート／リスティーナ・モンテス編著，西森睦雄訳・監修『ANTONI GAUDI CORNET アントニ・ガウディの自然・技術・芸術』デザインエクスチェンジ，2002年，174頁，下図
130頁	④	マイケル・ブラウン『フランクフルト工芸美術館』同朋舎出版，1993年，41頁，1階平面図
131頁	⑦	David Stewart "Kazuo Shinohara Centennial Hall, Tokyo" Axel Menges，1995，p17，Fourth floor plan
131頁	⑩	『新建築』2002年7月号，新建築社，59頁，1階平面図
143頁	⑩	『GA document 世界の建築13』エーディーエー・エディタ・トーキョー，1985年，45頁，Section
145頁	⑪	『建築文化』1963年9月号，彰国社，56頁，1階平面・2階平面・屋階平面図
146頁	⑥	『新建築』1954年1月号，新建築社，10頁，1階・2階平面図
148頁	⑦	『GA グローバルアーキテクチュア36 フランク・ロイド・ライト』エーディーエー・エディタ・トーキョー，1975年，47頁，Section through main gallery and dome
150頁	②	『GA Document 世界の建築81』エーディーエー・エディタ・トーキョー，2004年，37頁，Gates Building Elevation
152頁	⑦	『新建築』2002年6月号，新建築社，76頁，屋上階平面図
176頁	③	『新建築』1996年11月号，新建築社，181頁，断面図
178頁	②	『新建築』1982年1月号，新建築社，189頁，部分断面図
180頁	⑤	『新建築』2003年8月号，新建築社，95頁，配置図
184頁	⑦	『新建築』1991年6月臨時増刊号，新建築社，60頁，アクソノメトリック・ドロー

　　　　　イング
188頁 ④　『建築文化』1998年7月号，彰国社，60頁，配置＋ヴォイドと地階のアクソメ図
192頁 ③　『日経アーキテクチュア』1993年6月7日号，日経BP社，171頁，上図
193頁 ⑫　『筑波研究学園都市景観審査会記録集』14頁，平面図
196頁 ②　『新建築』2003年4月号，新建築社，25頁，グランド・レベル平面図
197頁 ⑩　『新建築』2003年8月号，新建築社，66頁，配置図

[索 引]

あ－お

アーケード	18
アイストップ	34
曖昧性	130
アクセシビリティ	132
暗	114
安定感	42, 79
アンバランス	134
池	84
威厳	40, 79
石	174
イスラム空間	8
一体化	143
移動	102
癒し	186
入れ子	53
ヴォイド	63
宇宙の秩序	192
うねらせる	128
潤い	186
永続性	147
エッジ	21
エレメント	36
演出	156, 184
黄金比	74
屋上緑化	12
奥行感	123

か－こ

カーテンウォール	166
階層性	40, 87
階段	86, 108
外部	94
開放感	134
開放的	32
カオス	92
角度	130
隔離と孤立	23
影	114
架構	46
囲む	70
飾り	162
過剰	164, 191
ガラス	174
ガラス天井	14
仮囲い	26
間隔	64
雁行	124
環濠集落	29
幾何学	72
幾何学的装飾	162
気候	178
規則	70
規則的	80
基点	2
記念施設	196
記念碑	196
起伏	176
キャンティレバー	140
求心性	133
極性	156
曲線	16
曲面	16, 128, 153
木割り	75
均一	38
緊張感	130
緊張材	51
均等	64
空想性	62
崩す	126
繰り返し	66
グリッド	80
群	68
形態	112
形態化	173
形態要素	52
軽量感	139
経路	102
結界	89
気配	142
工業化	171
工事現場	27
高層	4
構造体	15
効率性	80
混迷化	143
コード	96
コミュニティ	33
コラージュ	98
コンテクスト	104, 106

索引

さ−そ

差異	112
鞘堂	52
左右対称	78
シークエンス	102, 149, 155
視覚的	150
視覚的効果	95
視覚的な演出	117
時間性	10
色彩	118
敷地境界	32
軸	130
軸線	76
視線	66, 76, 123
自然の形態	192
室礼（しつらい）	88
借景	91, 183
周囲	94
宗教	170
宗教建築	190
集合住宅地	28
修辞	172
集中	68
重力	150
象徴性	30, 40, 145, 147, 159, 197
象徴的	72
障屏具（しょうびょうぐ）	88
身体感覚	82
身体の移動	154
神秘性	56, 58, 62, 145
シンボル・象徴	2, 4, 41, 159
シンメトリー	78, 168
心理的防衛	33
水面	136
透影	90
スタイル	96
図と地	69
ストライプ	85
ずらす	124
3D設計	129
スロープ	108
静的	187
静謐性	145
折衷	100
セットバック	13, 42
線材	48
装飾	60, 158, 191
装置	54, 174
素材	34
組成	106

た−と

対照	112
ダイナミクス	150, 153
ダイナミック	39
対立	36
多重性	117
断片	98
地形	176
地産地消	178
秩序	72
中間領域	7, 110
抽象的	73
中心性	30
跳躍	116
直線	70
通路空間	10
吊り橋	138
テーマパーク	188
テクノロジー	104
鉄	174
天	4
転換	116
統一性	160
動的	187
特異な空間	164
独特の表現形態	191
都市	80
トップライト	14

な−の

内外の区別	22
内部空間	19, 160
中庭	31, 110

は−ほ

場	6, 160
配置構成	51
場所	2, 8
柱・梁	47
パティオ	31
パノラミック	183
バランス	79, 98
光	56, 118, 149, 184
庇	140
非対称	127
非日常的	26
標識を立てる	28
表層	60, 167

左列	
比率	74
比例	74
広場	19
ファサード	166
不安定さ	134
風景	180
風土	178
吹抜け	108
復元	196
複合	36
部材	54
浮遊感	136
プライバシー	132
フレキシビリティ	49
フレキシブル	55
プロポーション	36, 182
分散	69
分散配置	107
文脈	180
閉鎖感	24
並置	100
壁面緑化	13
変化	66
防御	23, 82
方向性	149, 169
祠(ほこら)	58
ポストモダン	173, 192
細材	46
保存と活用	194
ボリューム	34, 110, 124

ま―も

間垣	91
曲げる	122
マスキング	182
街づくり	189
街の景観	27
無機質	81
メタファー	8
モデュロール	75
物語性	188, 193
文様	162

や・ゆ・よ

躍動感	122
屋根	140
闇	56, 114, 184
柔らかな表情	24
有機的	128, 176
緩やかな囲み	25
装い	164

ら―ろ

ライト建築	20
螺旋状	39
ランダム	44
ランドスケープ	59, 81, 180
ランドマーク	34, 41, 120, 167
リズム	38
リノベーション	195
領域	6, 28, 82
隣接	118
歴史	120
歴史的建築物	195
レジビリティ	76
レリーフ	61
連続	10, 64
連続性	104, 145

[事例索引]

北アメリカ・南アメリカ

アート&アーキテクチュア・ストアフロント ……………………………… 145
アナワク高原にあるインディオの離散型集落 ……………………………… 69
アルバカーキの民家 ……………………… 66
イエール大学アートギャラリー ………… 49
イエール大学インガルス・スケーティング・リンク ……………………… 17
イエール大学ベイネック貴重図書館 … 143
イリノイ工科大学のキャンパスセンター ……………………………………… 93
ウェザーヘッド経営大学院のピーター・ルイス棟 ………………………… 92
ウォルト・ディズニー・コンサート・ホール …………………………… 129
エクセター図書館 ……………………… 53
エンパイア・ステート・ビル …… 4, 125
オアハカ路地の赤壁 …………………… 82
オークランド美術館 …………………… 13
オヘア国際空港ユナイテッド航空ターミナル …………………………… 147
カテドラル・サン・セバスチャン …… 148
カナダ文明博物館 ……………………… 67
キンベル美術館 …………………… 50, 91
グアナファト …………………………… 59
グッケンハイム美術館 …………… 39, 148
クラウドゲート ………………………… 93
グランド・ゼロ ………………………… 196
グリーン・ゲイブルス ………………… 189
クリスタル・カテドラル ………… 15, 49
ゲティーセンター …………………… 106
国際連合本部 …………………………… 122
サンアントニオ ……………………… 186
サンフランシスコ ……………………… 80
シアーズ・タワー …………………… 125
シーランチ・プール …………………… 14
ジェイ・プリツカー・パビリオン …… 153
ジェームス・R・トンプソン・センター ……………………………………… 143
シカゴ …………………………………… 80
シティコープ・センター …………… 127
ジョンソン・ワックス本社 ………… 9, 55
チチェン・イツァ ……………………… 8
ティカル ……………………… 4, 42, 86
デンバー国際空港ジェペセン・ターミナル ……………………………… 142
ニテロイ現代美術館 ………………… 147
ニューヨークの摩天楼 ……………… 174
ハビタ67 ………………………………… 45
ヒューストン子供美術館 ……………… 93
ファンズワース邸 ……………………… 87
フリーモント・ストリート・エクスペリエンス ……………………… 18
北米の郊外住宅地 ……………………… 32
マサチューセッツ工科大学レイ・アンド・マリア・スタータ・センター … 150
マリン郡庁舎 …………………………… 14
マンハッタン …………………………… 80
ミルウォーキー美術館 ……………… 150
落水荘 ………………………………… 176
ラスベガス ……………………………… 93
リチャーズメディカルセンター ……… 54
レイク・ポイント・タワー ………… 128
ワールドトレードセンター ………… 196
AT&Tビル(図) ……………………… 101
JFK国際空港TWAターミナル ………… 16

ヨーロッパ

アイロンブリッジ ……………………… 48
アクロポリス ………………………… 176
アグワス・デ・バルセロナ本社ビル ……………………………………… 3, 112
アタチュルク廟 ………………………… 6
アブラクサス …………………… 64, 193
アマルフィ …………………………… 177
アムステルダム株式取引所 …………… 14
アムステルダム宮殿 ………………… 160
アラブ世界研究所
 …………… 55, 72, 144, 166, 173, 185
アルカサル ……………………………… 72
アルテス・ムゼウム ………………… 156
アルハンブラ宮殿 …………… 111, 162
アルベロベッロ ………………… 68, 178
アルマグロのマヨール広場 …………… 64
アルンハイム・パビリオンの壁(図) … 82
アンドレ・シトロエン公園 ……… 65, 142
イェレバタン・サルヌジュ …………… 63
イグアラナダ墓地 …………………… 176
イスラムのパティオ …………………… 31
ヴァイセンホーフ・ジードルンク …… 171

209

ヴィープリ図書館	15
ウィーン郵便貯金局	122, 185
ヴィットリオ・エマヌエレ2世のガレリア	18, 114
ヴィトラ社工場棟	140
ヴィニッシュー・メディアテーク	114
ヴィラ・カプラ	74
ヴィラ・デステ	177
ヴィンタートゥーア美術館増築	64
ウエストミンスター寺院	174
ヴェルサイユ宮殿	77
ヴェルシー公園	81
ウェルズ大聖堂	78
ウォールデン7	68
エッフェル塔	4
エデュカトリアム	122
オーストリア旅行代理店	122
オスティア・アンティカ	163
オスロ市庁舎	127, 160
オラデアのブラックイーグル	163
オリュムピエイオン	74
オルセー美術館	111, 122
オルタ邸	163, 184
カールスプラッツ駅	78
カールマルクス・ホーフ	125
カサ・デル・ファッショ	127
カサ・ミラ	38, 128, 152
カステルベッキオ美術館	107
カステル・ベランジェ	171
ガゾメーター	195
ガララテーゼ集合住宅	64
カルタジローネ	103, 109, 163
カレ・ダール	115, 120
カンタベリー大聖堂	77
カンピドリオ広場	2
カンポ広場	31
クヴェートリンブルク歴史地区	155
キジー島の木造建築	159, 173
ギマール自邸	171
キャナリーワーフ駅のエスカレーター	109
ギャラリー・ラファイエット	143, 148
キューガーデン パーム・ハウス	20
旧モッセハウス	101
ギルモント小学校のクラスタープラン（図）	107
グァディクス	59
クイーン・エリザベス2世グレート・コート	14, 21, 101, 111, 128
クール美術館の連絡通路	105
グエル公園	128
グム百貨店	18
グラスゴー美術学校	127
グラン・アルシュ	131, 146, 168
グランド・バザール	107
グリニッジ海軍廃兵院	79
グルントウィ教会堂	78
ゲーテ・アヌム	126
ケルン・フィルハーモニー	57
ケンブリッジ大学	30
高速道路（太陽道路）にある教会	17
国立絵画館	156
コロッセオ	30, 36, 74
コロニア・グエル教会	57, 160, 184
サヴォア邸	133, 154, 182
サグラダ・ファミリア	60, 158, 191
ザ・サークル	119
ザッカリアス広場	67
サンヴィターレの住宅	105
サン・ジミニャーノ歴史地区	155
30セント・メリー・アクス	4, 72, 113
サンタ・マリア・ノヴェッラ教会	75
サンタンブロージョ教会	127
サント・ステファノ広場	70
サントリーニ	177
サン・ピエトロ大聖堂	161, 185
サン・ピエトロ広場	71, 76, 170
シエナ大聖堂	94
シェル・ハウス	128
システィーナ礼拝堂のフレスコ画	161
シャウラーガー	118
シャルトル大聖堂	158, 160
シャルル・ド・ゴール国際空港	14, 82
シャンゼリゼ	76
ジャン・ティンゲリー美術館	139
シャンボール城	157
シュヴァルの理想宮	164
集合住宅	68
シュタイン邸	75
シュッツェン通りの住宅	94
シュトゥットガルト美術館	156
シュピッテラウ焼却工場	165
シュレーダー邸	51, 88, 117, 171
シュレジッシェス・トーア集合住宅	129
贖罪礼拝堂	94
新宮殿	123
スチャバ修道院	166
捨て子院の中庭	6
ストックホルム市立図書館	72
スルージュ	178
聖三位一体教会	126
聖ドムニウス大聖堂	4
セゴビアの水道橋	105
ゼツェッション館	78, 158

210

セビリア大聖堂	60
ソニーセンター	19
ダリ芸術美術館	189
チェスター大聖堂	70
チェスターのロウズ	166
地下図書室	148
チレハウス	94
チンチョンのマヨール広場	30
ツェレの街並み	119
テート・モダン	79
テームズ・バリアー	152
デ・ダヘラートの集合住宅	128
テルミニ駅	122
テンピエット	168
テンペリアウキオ	57
デンマーク王立図書館	107
ドイツ歴史博物館	157
ドイツ連邦議会新議事堂"ライヒスターク"	14, 21, 121, 149, 157
ドゥブロヴニク	23
トーレ・ヴェラスカ	125
トリノ展示場	14
ナショナル・ネーデルランデンビル	94
夏の家（コエ・タロ）	99
ニューナショナル・ギャラリー	142
ネルビープラザ	142
ノートルダム寺院	78, 184
ノルディックアーティストセンター	106
パーク・クレッセント	123
ハース・ハウス	100
バーゼル機関車車庫	64
バイエラー財団美術館	140
バイカー・ウォール	152
バウムシューレンヴェグ・クレマトリウム	69, 155
パリ国際大学スイス学生会館	132
パリ国際大学ブラジル学生会館	132
パリのオペラ座	161
バルセロナ	81
バルセロナ・パビリオン	40, 50
バルセロナ・パビリオン（図）	155
パルテノン神殿	2, 74
パルミラ	10
パレ・ロワイヤル内の広場	64
パンテオン	51, 73, 115, 168, 184
ピカソアリーナ	112, 192
ピカデリー・サーカス	123
ピサ寺院洗礼堂	74
ピサの斜塔	34
ピティリアーノの山岳都市	68, 118
100戸の老人用集合住宅	66, 95
ピラネージの牢獄（図）	105
ビルバオ・グッゲンハイム美術館	44, 113
ファン・ネレ工場	105
フィレンツェ大聖堂	170
フィンランディア・ホール	124
フォトニックセンター	156
フォルクス銀行本店	155
ブラーク／オールド・ハーバー開発計画	37, 73, 112
フランクフルト工芸美術館	109, 130
フランス国立図書館	7, 112, 168
ブランデンブルク門	26
ブリオン・ヴェガ	182
プレオブラジェンスカヤ聖堂	68
フンデルトヴァッサー・ハウス	95, 118, 126, 165
ヘネラリフェの縁壁	82
ベルヴェデーレ宮殿	79
ヘルシンキ現代美術館	102
ヘルシンキ工科大学	106
ベルリン集合住宅	125
ベルリン州立図書館	154
ベルリン・フィルハーモニー	128
ベルリン・ユダヤ博物館	144, 148, 188
ボルネオ・ハウス	65
ボン・ジェズス教会	66
ポンピドー・センター	55, 157
マーシアス	151
マイスター・ハウス	155
マジョリカハウス	163
マテーラの洞窟住居	59, 68
マラパルテ邸	169, 177
ミュンヘン・オリンピック競技場	16, 21, 25, 129
ミレニアムドーム	67
ミレニアムブリッジ	105, 146
メスキータ	8, 64, 160, 162, 172
モーターウェイ国境検問所	138
モルドヴィツィア修道院	191
ユニテ・ダビタシオン（ベルリン）	95
ユニテ・ダビタシオン（マルセイユ）	38, 64, 68, 75
ヨーク	23
ラ・ヴィレット公園	65, 81, 155
ラ・ヴィレット公園コンペ案（図）	65, 81
ラ・ヴィレット公園入選案（コールハース）（図）	85
ラウシュトラーセのシティ・ヴィラ	124
ラッピア・タロ	128
ラ・トゥーレット修道院	115, 185
ランス大聖堂	158

211

リアルト橋	103	ロイズ・オブ・ロンドン	55
リオラ・パリッシュ教会	122	ロイヤル・クレッセント	24, 71, 123
リュー・ドゥ・スウィス	120	ローマ時代遺跡のためのシェルター	107
リヨン・オペラハウス	101, 121	ロッビアーニ・ハウス	72
リラ修道院	2, 23, 107, 119, 160, 191	ロンシャンの教会	184
ルイジアナ美術館	103	ロンドン市庁舎	109, 124, 149, 157
ルーヴァンニュータウン	32	ロンドン動物園の大鳥籠	21
ルーブル美術館	73, 101, 109, 120, 142, 185	ワイマール・バウハウス校舎	157
		ワルシャワ旧広場	196
ル・コルビュジエ・センター	72	DG銀行	16
ルッツェルンの集合住宅	125	Forum 2004	61
ルッツェルン文化会議センター	140	GSW本社ビル	95, 123
ルッツォーブラッツの住宅	94	KPNタワー	126
ル・ランシーのノートルダム教会堂	114	UNO-City	123
レスター大学工学部棟	52		

アフリカ

カルナック神殿の大多柱室	8	ハッサン2世モスク	6, 10
ギザのピラミッド	43, 174	ベルベル人のかまど	6
クフ王のピラミッド	74	マジョレル庭園	10
シャウエン	82	モロッコの集落	118
テングズグ村	178	ラバト	8, 82
ドゴン集落	179		

アジア

アーディナータ寺院	160	ステップウェル	46, 86, 160
アグラ城	8	スペースブロックハノイモデル	44
アジャンタ	58	拙政園	107, 187
アダラジ階段井戸	56	宋廟	168
アル・ハジャラ	8	蘇州	187
アンコール・ワット	40, 159	孫氏貴族住宅	86
イエメンの高層住宅群	174	第16窟カィラーサナータ寺院	60
インド経営大学	182	台北101	67
ヴァーラーナシのガート	109	タシルンポ寺	2
エローラ	59	四十柱宮殿(チュヘル・ソトゥーン)	9, 111
カオダイ教寺院	164, 190	長安城(図)	80
カジュラーホの寺院	164, 190	鎮遠	175
風の宮殿	166	デプン寺	164
金オッキル記念館	85	天壇	77
金曜のモスク	6	トン族の風月橋	175
クンダ	86	ニャタポラ寺院	41, 71
ゲル	6	ハヴェリー	162
建外SOHO	69	パシュパティナート	86
広州国際空港	11	パタン階段井戸	56
サーマッラーミナレット	41	パタンのダルバール広場	37, 69
サダン・トラジャの集落	159	客家の円形土楼	111
サムィエ寺	71	万里の長城	6
サルナートのストゥーパ	174	ひらかれた手のモニュメント	41
ジェラッシュのフォーラム	10	ファティプル・シークリー	61
紫禁城	77	ペトラ	58
ジャンタル・マンタル	2, 69, 82	ベナレスの水道施設	6
ジン・マオ・タワー	75		

事例索引

ボダナト・ストゥーパ	40
ポタラ宮	2, 109, 176
香港上海銀行	38, 139
マスジェデ・エマーム	170
マトゥラーの旧市街	113
ミーナクシ寺院	164
未完の塔	175
網師園	90
モデラー階段池	56
窰洞(ヤオトン)	12, 57
演慶堂(ヨンギョンダン)	84
留園	90
ロックパレス	5
ワット・プラ・ケオ	170

日　本

愛・地球博	153
明石海峡大橋	138
秋葉原	93
アクロス福岡	13, 42
浅倉五十吉美術館	136
アサヒビール本社ビル・アサヒスーパードライホール	150, 159
安曇野高橋節郎記念美術館	137
淡路夢舞台百段苑	81, 177
石の美術館	35, 103, 137
出雲大社庁の舎	54, 145
出雲大社(復元模型)	174
伊勢神宮・古殿地	2
厳島神社	107
伊根の舟屋集落	179
植村直巳冒険館	180
臼杵の磨崖仏	61
打瀬小学校	33
梅田スカイビル	104, 134, 148
盈進学園東野高等学校	100
越後松之山「森の学校」キョロロ	112
愛媛県総合科学博物館	192
遠友学舎	171
オアシス21・水の宇宙船	19, 135
大阪市環境事業局舞洲工場	95, 165
大阪東京海上ビルディング	46
大阪万博・お祭り広場	48
大阪府営八田荘団地	28
大阪府立狭山池博物館	136
大崎八幡宮	85
大滝神社(里宮)本殿・拝殿	17
大谷石地下採掘場跡	63
岡崎市美術博物館	137, 176
岡山西警察署	9, 64, 173
小樽運河	195
鬼石町多目的ホール	110
オルガンⅠ&Ⅱ	45
オンワード代官山	126
開港広場	91
香川県庁舎	39, 97
葛西臨海公園展望広場レストハウス	102
葛西臨海水族園	113, 136, 181
春日大社・着到殿	90
春日若宮細殿・神楽殿	88
風の丘葬祭場	181
潟博物館	108
桂離宮	107, 117, 151
神奈川県立近代美術館・鎌倉館	136, 146
神奈川県立近代美術館・鎌倉別館	134
金沢市民芸術村	137
金沢21世紀美術館	69, 83
上大沢の間垣	91
上賀茂神社	2
喜多家の簾	88
木の殿堂	146
吉備高原小学校	33
吉備津神社(図)	86
吉備津神社	109
岐阜県営北方住宅・高橋棟	111
岐阜県立森林アカデミー	47
キャナルシティ博多	31
旧閑谷学校	22
旧日向邸	87
旧武家町の長町	29
京都駅ビル	104, 108, 147
京都御所・清涼殿	88
京都の川床	186
京都府立陶板名画の庭	153
京町家	88
清水寺	46
キリンプラザ	41
錦帯橋	48, 105
釧路市立東中学校	168
熊野神社長床	64
熊本北警察署	42
熊本県営保田窪団地	28
熊本県立天草工業高等学校	169
倉敷アイビースクエア	13, 195
グラントワ	31
ぐりんぐりん	13
群馬県立近代美術館	130
警視庁渋谷警察署田川派出所	168
神戸芸術工科大学	31
神戸震災モニュメント	197
神戸中華街	28
神戸MEDITERRASSE	27

213

後楽園流店	84, 183, 187
郡山町家の千本格子	88
国際こども図書館	131, 195
国際情報科学芸術アカデミー・マルチメディア工房	103
国立長崎原爆死没者追悼平和祈念館	57, 70, 197
国立代々木競技場・第一体育館	138
国連大学	78
コスタミラにしきのはま	192
コムデギャルソン	83
五稜郭	22
埼玉県立大学	102
桜台コートビレジ	124
さざえ堂	39, 191
サッポロファクトリー	194
三内丸山遺跡の掘立柱建物	4
慈恩寺弥勒堂	17
慈光院	91, 183
品川インターシティのセントラルガーデン	76
品川駅	130
東雲キャナルコートCODAN	46
渋谷区立松濤美術館	140
自由学園明日館	79
集合住宅LiF	141
首都圏外郭放水路	63
新宿駅西口広場	87
正倉院	35
湘南台文化センター	98, 172
浄瑠璃寺	84
シルバーハット	49
新宿駅南口再開発	27
新宿パークタワー	125
新丸の内ビルディング	41
スーパーカミオカンデ	175
スパイラル	36, 98
スペースブロック上新庄	53
諏訪大社御柱	89
芹沢銈介美術館	35
せんだいメディアテーク	38, 133, 149
センチュリー・タワー	38
ソフィテル東京	34, 124
大徳寺孤蓬庵・忘筌	90, 182
高岡山瑞龍寺	146
高過庵	5
談山神社・十三重塔	34
地中美術館	62
地底の森ミュージアム	57
千葉市立美術館・中央区役所	194
長寿寺本堂	89
築地本願寺	100
つくばセンタービル	41, 173, 193
ツダジュウイカ	51
鶴岡八幡宮参道	77
ディオール表参道	167
天竜市立秋野不矩美術館	179
東京駅	79
東京カテドラル聖マリア大聖堂	185
東京工業大学百年記念館	53, 131, 141, 168
東京国際展示場・会議棟	133
東京国際フォーラム	105, 115, 123, 139
東京国立博物館・法隆寺宝物館	84, 96, 143, 144
東京国立博物館・本館	100
東京大学工学部1号館	121
東京ディズニーシー	181
東京ディズニーランド	189
東京デザインセンター	109
東京都戦没者霊園	90
同潤会アパート	26
唐招提寺・金堂	90
東大寺大仏殿	174
東大寺南大門	46
東福寺・雪舟庭園	183
東福寺・通天橋	91
東福寺・方丈庭園	97
東福寺・竜吟庵方丈	90
栃木県なかがわ水族園	137
富弘美術館	89
鞆(とも)漁港	25
土門拳記念館	84, 186
豊田大橋	138
豊田市美術館	136
豊田スタジアム	139
直島町役場	37
長岡リリックホール	135
中銀カプセルタワー	34, 141
中城(なかぐすく)城址	35
長野県信濃美術館・東山魁夷館	137, 151
奈義町現代美術館	52, 173
名護市庁舎	90, 178
なにわの海の時空館	15, 147, 149
那覇の商店街	18
南岳山光明寺	47
なんばパークス	13
新潟市民芸術文化会館	103, 135, 180
新美南吉記念館	12
西田幾多郎記念哲学館	141
二条城二の丸御殿・大広間	86
日光田母沢御用邸	72

事例索引

日光東照宮 …………………………… 60，164
日生劇場 …………………………………… 17
仁和寺・宸殿 …………………………… 111
布谷ビル …………………………………… 45
ねむの木こども美術館 ………………… 135
はこだて未来大学 ……………………… 110
箱根彫刻の森美術館・本館 …………… 134
長谷寺 ……………………………………… 10
馬頭町広重美術館 ………………………… 24
はりまや橋商店街 ………………………… 18
パレスサイドビルディング …………… 125
反住器 ……………………………………… 53
番条環濠集落 ……………………………… 29
稗田環濠集落 ……………………………… 29
東山慈照寺 ……………………………… 181
光の教会（春日丘教会） ………… 144，185
ヒムロハウス …………………………… 110
姫路城 …………………………………… 4，41
兵庫県立科学技術先端センター ……… 181
兵庫県立新美術館 ……………………… 140
平等院鳳凰堂 ……………………………… 79
平等院宝物館 …………………………… 63，183
平泉金色堂 ………………………………… 52
広島クレド・パセーラ …………………… 21
広島市環境局中工場 …………………… 147
広島平和記念公園 …………………… 76，197
広島平和記念資料館 ……… 133，146，197
福岡ネクサスワールド …………………… 84
フジテレビ本社ビル …………………… 112
伏見稲荷大社の連続鳥居
　…………………… 10，70，85，168
プラダ・ブティック青山 …………… 47，167
ブルームバーグ アイス ………………… 93
平安京（図） ……………………………… 80
ベイ・ステージ下田 …………………… 134
法隆寺 ……………………………… 90，130
法隆寺五重塔 ……………………………… 75
法隆寺金堂・五重塔 …………………… 127
法隆寺大講堂 ……………………………… 88
本願寺飛雲閣 …………………… 37，99，151
前川國男邸 ……………………………… 142
牧野富太郎記念館 ………………………… 25
まつもと市民芸術館 ………… 114，134
まつもと市民芸術館（図） ……………… 94
丸亀市猪熊弦一郎現代美術館 ………… 91

水木しげるロード ……………………… 189
水の教会 ………………………………… 187
宮城県立図書館 ………………………… 177
水戸芸術館 ………………… 43，48，112，150
みなとみらい線みなとみらい駅 ……… 149
明治生命館 ……………………………… 101
メゾン・エルメス …………… 25，35，142
毛利家の墓 ………………………………… 10
モエレ沼公園 …………………………… 180
薬師寺・東塔 ……………………………… 34
八代市立博物館・未来の森ミュージアム
　……………………………………… 20
ヤマトインターナショナル ……………… 36
大和文華館 ………………………………… 96
ユーコート（洛西コーポラティブ住宅）
　……………………………………… 13
養老天命反転地 ………………………… 151
横浜港大さん橋国際客船ターミナル
　…………………… 91，103，129，152
横浜中華街 ……………………… 93，118
横浜トリエンナーレ2005
「海辺の16,150の光彩」 …………… 85
吉島家住宅 ………………………………… 46
淀看席 …………………………………… 184
4m×4mの家 …………………………… 125
ライフイン京都 ………………………… 42
ラビリンス ……………………………… 154
リアス・アーク美術館 ………………… 141
リゾナーレ・ガーデンチャペル ……… 116
竜安寺石庭 ………………… 2，69，173
ルイ・ヴィトン表参道 ………………… 167
ルイ・ヴィトン高知 …………………… 35
ルイ・ヴィトン六本木ヒルズ ………… 167
六甲の集合住宅 …………………………… 43
六本木ヒルズCOUNTER VOID ……… 115
ワシントン村分譲住宅地 ………………… 32
私の家 ……………………………………… 48
ARCUS …………………………………… 103
D-HOTEL OSAKA ……………………… 82
GALLERIA［akka］ …………………… 82
LIGHT CAVE …………………………… 129
MIHOミュージアム ……………………… 49
OTA HOUSE MUSEUM ……………… 43
TIME'S ………………………………… 186
TOD'S表参道ビル ……………………… 169

オセアニア

オーストラリア国会議事堂 …………… 12
シドニーオペラハウス ……… 16，51，181
ティバウー文化センター ……………… 66

215

空間デザイン事典

2006年7月20日　第1版第1刷発行
2018年1月30日　第1版第5刷発行

- 本書の複製権・翻訳権・上映権・譲渡権・公衆送信権(送信可能化権を含む)は株式会社井上書院が保有します。
- JCOPY 〈(一社)出版者著作権管理機構 委託出版物〉
本書の無断複写は著作権法上での例外を除き禁じられています。複写される場合は,そのつど事前に,(一社)出版者著作権管理機構(電話03-3513-6969, FAX03-3513-6979, e-mail:info@jcopy.or.jp)の許諾を得てください。

編　者　一般社団法人 日本建築学会 ⓒ
発行者　石川泰章
発行所　株式会社 井上書院
　　　　東京都文京区湯島2-17-15　斎藤ビル
　　　　電話(03)5689-5481　FAX(03)5689-5483
　　　　http://www.inoueshoin.co.jp
　　　　振替00110-2-100535
印刷所　株式会社ディグ
製本所　誠製本株式会社
装　幀　川畑博昭

ISBN 978-4-7530-0032-6　C3552　Printed in Japan

建築・都市計画のための
空間学事典 増補改訂版

日本建築学会編
A5変形判・324頁・二色刷　本体3500円

建築および都市計画に関する重要なキーワード272用語をテーマごとに収録し、最新の研究内容や活用事例を踏まえながら解説した、計画・設計や空間研究に役立つ用語事典。

【主なテーマ】知覚／感覚／意識／イメージ・記憶／空間の認知・評価／空間行動／空間の単位・次元・比率／空間の記述・表現／空間図式／内部空間／外部空間／中間領域／風景・景観／文化と空間／コミュニティ／環境・エコロジー／調査方法／分析方法／関連分野　ほか

――世界の建築・都市デザイン――

空間体験

日本建築学会編
A5判・344頁・カラー
本体3000円

計画・設計の手がかりになるよう、世界の建築・都市92を厳選し、その空間の魅力をあますところなくビジュアルに再現する。

CONTENTS

表層／光と風／水と緑／街路／広場／中庭／塔／シークエンス／架構／浮遊／集落／群／再生／虚構

空間演出

日本建築学会編
A5判・264頁・カラー
本体3000円

世界の建築・都市76を厳選し、その空間に込められた演出性の視点から、その効果や空間の面白さをわかりやすく解説する。

CONTENTS

対象／対比／連続／転換／系統／継起／複合／重層／領域／内包／表層／異相

空間要素

日本建築学会編
A5判・258頁・カラー
本体3000円

空間を構成する要素に着目し、世界の建築・都市169を厳選。要素がもつ機能的、表現的、象徴的な役割を読み解く。

CONTENTS

柱／壁・塀・垣／窓／門・扉／屋根／天井／床／階段／スロープ／縁側・テラス／都市の装置／建築の装置／仮設の装置

建築系学生のための
卒業設計の進め方

日本建築学会編　B5判・192頁　本体2700円

卒業設計に向けた計画案作成、準備、進め方について、基本的事項やノウハウを体系的に整理した。課題設定の手がかりとなる各種テーマや参考事例を多数収録。

【主な内容】備える／進める／探す／卒業設計事例／レファレンス

＊上記の本体価格に、別途消費税が加算されます。